The 바른 러시아어 첫걸음

저자 | 조혜연

The 바른 러시아어 첫걸음

초판인쇄 2019년 01월 01일
2판 1쇄 2024년 07월 01일

지은이 조혜연
펴낸이 임승빈
펴낸곳 ECK북스
출판사 등록번호 제 2020-000303호
출판사 등록일자 2000. 2. 15
주소 서울시 마포구 창전로2길 27 [04098]
대표전화 02-733-9950 | **이메일** eck@eckedu.com

제작총괄 염경용
편집책임 정유항, 김하진 | **편집진행** 송영정
마케팅 이서빈, 서혜지 | **디자인** 다원기획 | **일러스트** 방영경 | **인쇄** 신우인쇄

ISBN 978-89-92281-74-4
정가 15,000원

ECK교육 | 세상의 모든 언어를 담다

기업출강 · 전화외국어 · 비대면교육 · 온라인강좌 · 교재출판 · 통번역센터 · 평가센터

ECK교육 www.eckedu.com
ECK온라인강좌 www.eckonline.kr
ECK북스 www.eckbook.com

유튜브 www.youtube.com/@eck7687
네이버 블로그 blog.naver.com/eckedu
페이스북 www.facebook.com/ECKedu.main
인스타그램 @eck__official

The 바른
러시아어
첫걸음

저자 | 조혜연

저자의 말

러시아어를 사랑하는 학습자 여러분.

〈The 바른 러시아어 첫걸음〉 저자 조혜연입니다.

저는 현재 러시아어 통역사로 활동하고 있습니다. 통역에는 컨퍼런스나 컨벤션과 같은 대규모 국제회의 행사장 내 부스 안에서 마이크를 통해 회의 내용을 통역하는 동시 통역부터 1:1 회의 석상에서 말하는 사람 뒤에 배석되어 소곤소곤 통역하는 위스퍼링 통역까지 다양한 방식이 있습니다. 정부부처를 비롯한 다양한 공공기관에서 주관하는 행사에서 통역을 하면서 얼마나 많은 나라에서 러시아어를 대외적 공식 언어로 사용하는지 알게 되었습니다. 러시아 외에도 유라시아 경제연합에 속해 있는 벨라루스, 카자흐스탄, 키르키즈스탄 등의 나라에서 러시아어를 공용어로 사용하고 있습니다. 그 외에도 우크라이나, 몰도바, 타지키스탄, 우즈베키스탄, 투르크메니스탄, 아제르바이잔, 아르메니아, 그루지아, 라트비아, 몽골에서도 러시아어를 사용합니다. 러시아어는 UN이 선정한 공식 언어입니다. 따라서 국제 이슈나 국제 협약에 관한 정보도 러시아어로 접할 수 있습니다. 한국과 러시아어권 정부간, 지자체간, 도시간 협력도 이루어지고 민간에서는 교역과 투자를 중심으로 해당 지역으로 활발히 진출하는 가운데 조선, 제약, 의료, IT, 농업 등 다양한 분야에서 한국과 러시아어권 국가들의 협력이 구체화되고 있다는 것을 몸소 느낍니다.

통역 현장에서뿐만 아니라 다양한 분야에서 러시아에 대한 대중의 관심을 느낄 수 있습니다. 최근 러시아와의 무비자 협정을 통해 러시아로 가는 길이 더 쉽고 빨라졌습니다. 다양한 매체에서 러시아 관광지와 문화 소개가 활발해지면서 러시아를 여행하는 한국인들도 해마다 늘고 있습니다. 뿐만 아니라 세계에서 끊임없이 사랑 받고 있는 러시아 문학, 발레, 음악, 연극, 영화 등 러시아어를 알면 누릴 수 있고 볼 수 있는 풍부한 문화 예술 영역도 빼놓을 수 없는 매력입니다.

하지만, 모국어가 아닌 다른 언어를 배우는 일이 쉬운 일이 아님을 너무나 잘 알고 있습니다. 가정에서는 한 아이의 엄마로서 아이가 자라는 과정을 지켜보며 사람이 소리를 듣고 익히고 말하기 위해 얼마나 오랜 시간과 많은 노력이 필요한지도 깨달았습니다. 동시에 기질과 노력 여부에 따라 말이 느릴 수도, 빠를 수도 있다는 것도 알게 되었습니다. 그렇기 때문에 언어를 습득하는 시기를 한참 지나서 외국어를 배우는 학생이나 성인은 외국어를 학습하여 체득하는 데 있어 올바른 방법을 선택해야 시행착오를 줄일 수 있습니다.

이런 여러 가지 생각을 담아 책을 쓰기 시작했습니다. 〈The 바른 러시아어 첫걸음〉 교재와 음원, 강의를 활용해서 기초를 다진 후에 러시아어가 학습자 여러분에게 다양한 분야에서 활약할 수 있는 자신만의 무기이자 강점이 될 수 있을 거라는 기대를 가지고 책 쓰기를 마칩니다.

예비학습에서 소개되는 러시아어 철자와 발음규칙을 공부할 때 원어민의 정확한 발음과 억양이 담긴 음원을 적극적으로 활용하시길 권해 드립니다. 영어 알파벳과 비교하여 4개의 카테고리로 나눠 보다 빠르고 효과적으로 글자를 익힐 수 있습니다.

초급 단계에서 필요한 쉬운 표현들을 골라 관계와 주제에 맞는 대화문을 만들었습니다. 표준어를 다루는 것도 중요하지만 실제 대화에서 자주 사용되는 구어 표현들도 놓치지 않고 다루려고 노력했습니다. 초급 단계에서 알아야 하는 문법들을 소개하고 문법을 적용한 다양한 예문을 제시했습니다. 중요도나 활용도가 높은 단어들을 선별하여 추가 어휘를 채웠습니다.

〈The 바른 러시아어 첫걸음〉이 출간되기까지 정말 많은 분들이 지지와 응원 그리고 관심을 보여주셨습니다. 책 출간에 대한 고민과 방향 설정, 수정 그리고 감수 작업이 있을 때마다 함께 고민해주고 의견과 조언을 아끼지 않았던 친구이자 동료들이 있어 든든했습니다. 좋아하고 아끼는 이와 함께 일할 수 있는 건 축복이라고 생각합니다. 원고가 책다운 면모를 갖출 수 있게 마이다스의 손이 되어주신 송영정 편집자님과 디자이너께 감사드립니다. 그리고 지루하리만큼 오랜 시간 수정과 조정을 거듭하는 동안 묵묵히 기다려주신 임승빈 실장님께도 송구하지만 감사하다는 말씀 드리고 싶습니다. 그리고 한결같은 지지와 응원 속에 할 수 있다는 자신감을 불어넣어준 가족에게 사랑한다는 말 전하고 싶습니다.

학습자 여러분, 〈The 바른 러시아어 첫걸음〉과의 인연을 시작으로 러시아어에 대한 지속적인 관심과 열정이 이어지기를 바랍니다. 러시아어를 선택하신 여러분의 혜안과 용기 그리고 열정을 진심으로 응원합니다. 러시아어로 맺은 인연을 계속 이어나가기 위해 소통하는 사람이 되겠습니다.

저자 **조혜연**

CONTENTS

이 책의 구성과 특징

『The 바른 러시아어 첫걸음』은 러시아어를 처음 공부하는 입문 학습자들이 효과적으로 학습할 수 있도록 다음과 같이 구성하였습니다.

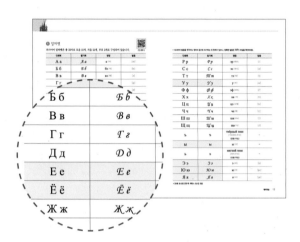

예비학습

러시아어 알파벳과 발음, 발음규칙, 억양 등 러시아어 학습에 필요한 필수 기본 내용들을 정리했습니다. 본학습에 앞서 반드시 먼저 숙지하세요.

회화

다양한 주제별 대화문을 학습합니다. mp3 파일을 들으며 발음도 같이 익혀보세요.

문법

대화문에 나오는 주요 문법을 학습합니다. 초급 단계에서 알아야 하는 기초 필수 문법을 다양한 예문과 함께 알기 쉽게 정리했습니다.

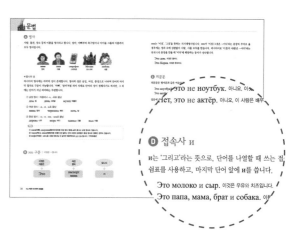

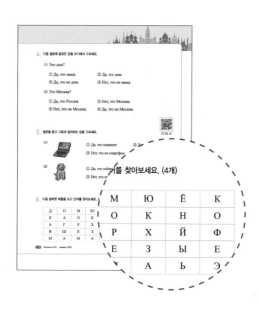

연습문제

문법, 독해, 쓰기, 듣기 등 다양한 형식의 문제풀이를 통해 학습을 마무리합니다.

추가 어휘

초급 수준에 맞는 다양한 기초 어휘를 학습합니다. mp3 파일을 들으며 발음도 함께 익혀보세요.

예비학습

① 알파벳

러시아어 알파벳은 총 33자로 모음 10개, 자음 21개, 부호 2개로 구성되어 있습니다.   🎧 00-1

인쇄체	필기체	명칭	발음
А а	*А а*	а [아]	[ɑː]
Б б	*Б б*	бэ [베]	[b]
В в	*В в*	вэ [붸]	[v]
Г г	*Г г*	гэ [게]	[g]
Д д	*Д д*	дэ [데]	[d]
Е е	*Е е*	е [예]	[je]
Ё ё	*Ё ё*	ё [요]	[jo]
Ж ж	*Ж ж*	жэ [줴]	[ʒ]
З з	*З з*	зэ [제]	[z]
И и	*И и*	и [이]	[iː]
Й й	*Й й*	и краткое [이 끄라뜨꺼예]	[i]
К к	*К к*	ка [까]	[k]
Л л	*Л л*	эль [엘]	[l]
М м	*М м*	эм [엠]	[m]
Н н	*Н н*	эн [엔]	[n]
О о	*О о*	о [오]	[o]
П п	*П п*	пэ [뻬]	[p]

* 학습 편의를 위해 발음을 표기하였으나 정확히 일치하기 어려우니, 정확한 발음은 MP3 파일을 꼭 확인하세요.

인쇄체	필기체	명칭	발음
Р р	*P p*	эр [에르]	[r]
С с	*C c*	эс [에쓰]	[s]
Т т	*T т*	тэ [떼]	[t]
У у	*У у*	у [우]	[uː]
Ф ф	*Ф ф*	эф [에프]	[f]
Х х	*X x*	ха [하]	[h]
Ц ц	*Ц ц*	цэ [뜨쩨]	[ts]
Ч ч	*Ч ч*	че [쩨]	[tʃ]
Ш ш	*Ш ш*	ша [sha]	[ʃ]
Щ щ	*Щ щ*	ща [샤]	[ʃi]
ъ	*ъ*	твёрдый знак [뜨뵤르드 즈낙] (경음 부호)	–
ы	*ы*	ы [의]	–
ь	*ь*	мягкий знак [마끼 즈낙] (연음 부호)	–
Э э	*Э э*	э [에]	[e]
Ю ю	*Ю ю*	ю [유]	[juː]
Я я	*Я я*	я [야]	[jaː]

*   : 모음

② 발음

🎧 00-2

(1) 모음

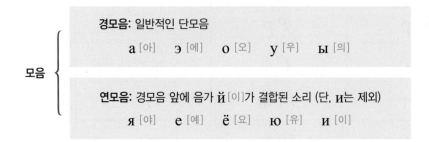

경모음: 일반적인 단모음

а [아]   э [에]   о [오]   у [우]   ы [의]

연모음: 경모음 앞에 음가 й [이]가 결합된 소리 (단, и는 제외)

я [야]   е [예]   ё [요]   ю [유]   и [이]

모음은 경모음과 연모음으로 나눌 수 있습니다. 경모음은 자음을 자음답게, 이를테면 [싸], [빠], [까] 등의 센소리(경음)로 발음할 수 있도록 도와줍니다. 연모음은 경모음이 반모음 й와 결합하여 나는 소리로, 자음을 부드럽게 발음할 수 있게 합니다. (단, и는 제외)

경모음	연모음
а [아]	я (й + а) [야(이+아)]
э [에]	е (й + э) [예(이+에)]
о [오]	ё (й + о) [요(이+오)]
у [우]	ю (й + у) [유(이+우)]
ы [의]	и (и) [이]

(2) 자음

러시아어 자음은 뒤에 어떤 모음이 오느냐에 따라 경자음과 연자음으로 나뉘며, 발음할 때 성대가 자극이 되는지 여부에 따라 유성자음과 무성자음으로 나뉩니다.

① 경자음과 연자음

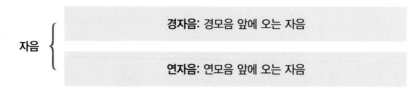

경자음이 되는 경우	연자음이 되는 경우
1. 경모음과 결합할 때	1. 연모음과 결합할 때
2. 경음부호 Ъ과 결합할 때	2. 연음부호 Ь과 결합할 때
3. Ж, Ш, Ц는 항상 경자음	3. Ч, Щ, Й는 항상 연자음

да [다], та [따] : 뒤에 오는 모음이 경모음이므로, 이때 т와 д는 경자음

дя [쟈], тя [쨔] : 뒤에 오는 모음이 연모음이므로, 이때 т와 д는 연자음

자음이 연모음과 만나 연자음이 될 때는 발음의 변화가 생깁니다. 예를 들면, т [떼]가 연모음 я와 만나면 [따]가 아닌 [쨔]가 됩니다. 이런 연자음화 현상은 구개음화 현상과 비슷한데, 미닫이가 [미다지], 해돋이가 [해도지]로 발음되는 것과 같은 이치입니다.

② 유성자음과 무성자음

유성자음	Б	В	Г	Д	Ж	З	Л	М	Н	Р				
무성자음	П	Ф	К	Т	Ш	С					Х	Ц	Ч	Щ

유성자음은 성대를 울려 내는 소리이며 무성자음은 성대를 자극하지 않고 내는 소리입니다. 위에 파란색으로 표시한 6쌍의 유·무성 자음은 짝을 이루어 위치에 따라 무성자음이 유성자음으로 또는 그 반대로 음가가 변화하기 때문에 쌍으로 외워두면 좋습니다.

   ① 자음 г, к, х, ж, ш, ч, щ 뒤에는 모음 я, ю, ы가 올 수 없으며 а, у, и만 올 수 있습니다.

   ② 자음 ц 뒤에는 모음 я, ю가 올 수 없으며 대신 а, у가 옵니다.

   ③ 자음 г, к, х 뒤에는 모음 ё와 연음 부호 ь가 오지 않습니다.

   ④ 단, 이러한 규칙은 외래어에는 적용되지 않습니다.

   ⑤ й는 유성자음입니다. 소리 자체는 и의 반음이지만 자음으로 분류합니다.

러시아어의 자모 발음을 영어의 알파벳과 비교하여 다음 4가지 형태로 나누어 볼 수 있습니다.

같은 모양 닮은 소리	**А** [아]	**К** [까]	**М** [엠]	**О** [오]	**Т** [떼]
같은 모양 다른 소리	**В** [베, v]	**Е** [예]	**Н** [엔]	**Р** [에르]	**С** [에쓰]
	У [우]	**Х** [하, kh]			
다른 모양 닮은 소리	**Б** [베]	**Г** [게]	**Д** [데]	**З** [제]	**И** [이]
	Л [엘]	**П** [뻬]	**Ф** [에프, f]	**Э** [에]	
다른 모양 다른 소리	**Ё** [요]	**Ж** [줴]	**Й** 짧은 [이]	**Ц** [쩨]	**Ч** [췌]
	Ш [sha]	**Щ** [샤]	**Ъ** [-]	**Ы** [의]	**Ь** [-]
	Ю [유]	**Я** [야]			

● 영어 알파벳과 같은 모양 닮은 소리

🎧 00-3

A a *A a*

[아] 발음이 나는 모음입니다. 발음상 변화가 크게 없이 담백하게 [아]라고 발음합니다.

а [아] 그러면   акýла [아꿀라] 상어

К к *К к*

영어의 k와 유사한 발음으로 [ㄲ]와 [ㅋ] 소리가 납니다. 경모음과 결합하면 [까], [께], [꾸], [꼬] 소리가 납니다.

как [까크] 어떻게   кáрта [까르따] 지도

М м *М м*

영어의 m과 유사한 소리입니다.

мáма [마마] 엄마   мóда [모다] 패션

O o *O o*

[오] 소리가 나는 모음이지만 모음이 두 개 이상 오는 단어에서 o에 강세가 오지 않을 경우, 고유의 소리를 잃고 [아]로 발음합니다.

óзеро [오제라] 호수   окнó [아크노] 창문

он [온] 그   онá [아나] 그녀

주의! 강세가 없는 о는 [오]가 아니라 [아]로 발음되므로 [오나]가 아니라 [아나]로 발음됩니다.

Т т 𝒯 𝓂

영어의 t와 유사한 발음으로 [ㄸ], [ㅌ] 소리로 발음합니다.

주의! 'т + 경모음'은 [따], [떼], [또], [뚜], [뜨]로 발음되지만, 'т + 연모음'은 구개음화 현상으로 [쨔], [쪠], [쪼], [쮸], [찌]로 발음합니다.

там [땀] 저기, 저기에   кто [크또] 누구

● 영어 알파벳과 같은 모양 다른 소리

🎧 00-4

В в ℬ в

모양은 영어 B 같지만 [v]로 발음합니다. 단어의 위치에 따라 [f]로 발음되기도 합니다.

вот [보트] 바로, 여기에   волк [볼크] 늑대

дверь [드베리] 문   лев [레프] 사자

Е е ℰ е

영어의 E와 같은 모양이지만 [예] 소리가 납니다. 강세가 오지 않는 경우에는 약화되어 [이]로 발음합니다.

е́сли [예슬리] 만약에   еда́ [이다] 음식

Н н 𝒩 𝓃

영어의 [n] 발음이지만 모양이 영어의 대문자 H와 같아서 헷갈릴 수 있습니다. 주의하세요.

нос [노쓰] 코   нога́ [나가] 다리

окно́ [아크노] 창문   нет [녜트] 아니오

P p *P p*

영어에도 한국어에도 없는 소리입니다. 혀가 입천장에 닿으며 나는 [르~] 발음입니다.

рот [로트] 입

торт [또르트] 케이크

ка́мера [까메라] 캠코더

но́мер [노메르] 번호, 객실

C c *C c*

영어의 [s] 발음과 비슷하면서도 [ㅆ]와 같이 된소리로도 발음됩니다.

сон [쏜] 꿈

сок [쏘크] 주스

слон [슬론] 코끼리

сыр [씌르] 치즈

У у *У y*

소리 변화 없이 [우]로 발음합니다.

уро́к [우록] 과, 수업

у́тро [우뜨라] 아침

주의! [우뜨로]가 아니라 [우뜨라]로 발음합니다. 강세가 없는 o는 [아]로 발음.

X x *X x*

영어에도 한국어에도 없는 발음입니다. 성대를 열어 [ㅎ] 소리를 내지만 긁어내는 듯한 소리라 [ㅋㅎ]에 가깝습니다.

хурма́ [후르마] 감

му́ха [무하] 파리

● 영어 알파벳과 다른 모양 닮은 소리

🎧 00-5

Б б *Б б*

한국어의 [ㅂ] 발음이지만 단어의 끝에 올 때는 [ㅍ]로 발음합니다.

брат [브라트] 남자형제   хлеб [흘례프] 빵

Г г *Г г*

영어의 [g], 한국어의 [ㄱ] 발음이지만 단어의 끝에 오면 [ㅋ]로 발음합니다.

год [고트] (몇) 살, 해   глóбус [글로부쓰] 지구본

юг [유크] 남쪽   друг [드루크] 친구

Д д *Д д*

영어의 [d] 발음이 나며 단어의 끝에 오면 [ㅌ]로 발음합니다.

да [다] 네, 응(긍정의 대답)   сад [싸트] 정원

дом [돔] 집   доскá [다스까] 칠판

주의! '굳이'가 [구지]로 발음되듯이 д가 연모음(야, 예, 요, 유, 이)과 결합하면 [ㄷ]가 아닌 [ㅈ]로 발음합니다. д가 연모음과 결합하면 소리가 변합니다.

дéрево [제례바] 나무   где [그제] 어디, 어디에

З з *З з*

한국어에는 없는 발음으로 영어의 [z] 발음이 납니다.

зуб [주프] 치아   звонóк [즈바녹] 벨소리

И и *И и*

[이] 발음이 나는 모음으로 강세의 영향을 받지 않습니다.

и [이] 그리고

игла́ [이글라] 바늘

зима́ [지마] 겨울

оди́н [아진] 숫자 1, 하나

주의! оди́н: 2개의 발음규칙 ① 강세에 의한 모음 변화 [오] → [아], ② 연모음 앞에서 Д의 구개음화

Л л *Л л*

영어의 l과 발음이 유사합니다.

лес [레쓰] 숲

луна́ [루나] 달

П п *П п*

대부분 [ㅃ]로 발음됩니다.

па́па [빠빠] 아빠

суп [쑤쁘] 수프, 국

Ф ф *Ф ф*

한국어에는 없는 발음으로, 영어의 [f]와 소리가 비슷합니다.

факс [팍스] 팩스

фонта́н [판따] 분수

фрукт [프룩트] 과일

телефо́н [찔리폰] 전화

Ээ Ээ

[에] 발음이 납니다.

э́то [에따] 이것, 이 사람

э́му [에무] 에뮤

экипа́ж [에끼빠쥐] 선원

эскимо́ [에쓰끼모] 에스키모

● 영어 알파벳과 다른 모양 다른 소리

🎧 00-6

Ёё Ёё

[요]로 발음하며 항상 강세가 오므로 '우선 강세'라고도 합니다.

ёлка [욜까] 전나무

самолёт [싸말료트] 비행기

счёт [숕] 영수증

ребёнок [리뵤노크] 아기

Жж Жж

한국어에는 없는 발음으로 [줴]에 가까운 소리이지만 정확히 일치하지는 않습니다. 이미 철자 안에 й가 들어 있어 연모음 я, ю 앞에 오지 않습니다. 단 외래어는 예외적으로 오기도 합니다.

жена́ [쥐나] 아내

журна́л [쥬르날] 잡지

예외 жюри [쥬리] 심사위원

Йй Йй

자음으로 분류되지만 실제 소리는 и의 짧은 소리라고 하여 '이 끄라트꼬예(짧은 이)'라고 합니다. 단어의 어미에 위치하여 딱딱한 소리를 부드럽게 만들어 줍니다.

йогурт [요구르트] 요거트

мой [모이] 나의

йога [요가] 요가

ча́йка [차이까] 갈매기

Ц ц *Ц ц*

영단어 sits의 –ts 발음에 가깝습니다. 한국어에도 영어에도 없는 발음입니다. 이 자음도 연모음 я[야], ю[유] 앞에 오지 않습니다.

центр [쩬뜨르] 중심   **кольцо́** [깔쪼] 반지

Ч ч *Ч ч*

[ㅊ] 발음이 납니다. 발음상 예외로 [쉬]로 발음하기도 합니다. 이 글자도 연모음(я, ю, ы) 앞에는 오지 않습니다.

чай [챠이] 차, 티   **число́** [취슬로] 숫자, 수

ключ [끌류치] 열쇠

예외 '무엇'을 뜻하는 의문대명사 что는 발음상 예외로 [츠또]가 아닌 [슈또]로 발음합니다.

что [ㅊ + 또 = 슈또] 무엇(의문사)

Ш ш *Ш ш*

영어의 [ʃ] 발음에 가깝습니다. ш 역시 ж와 마찬가지로 자음의 발음에 반모음 й가 있어서 연모음 е[예], я[야], ю[유] 앞에 오지 않습니다. 단, 외래어는 예외입니다.

шко́ла [슈꼴라] 학교   **ша́рик** [샤릭] 풍선

маши́на [마쉬나] 자동차   **ша́пка** [샤쁘까] 모자

예외 **шеф** [세프] 요리사

Щ щ *Щ щ*

앞에 나온 ш와 유사하나 [ʃ] 발음보다는 조금 더 혀를 입천장 가까이에 대는 듯 발음합니다. 발음을 구별하기가 쉽지 않으니 음성 파일을 반복해서 들으며 확인하세요.

борщ [보르쉬] 러시아식 야채 수프   щека́ [쉬까] 뺨, 볼

Ы *ы*

[의]라고 표기하지만 자세히 들어보면 [으]와 [의]의 중간발음입니다. 러시아어 학계에서도 ы의 성격에 대해 단일한 정의가 없을 정도로 독특한 글자입니다. 단어의 첫 글자로 오지 않는 모음입니다.

ты [띄] 너   мы [믜] 우리

ты́ква [띄크바] 호박   ды́ня [듸냐] 메론

Ю ю *Ю ю*

[유]로 소리내며, 강세의 유무로 발음이 변하지 않는 모음입니다. Ю[유] 앞에는 Ж, Ш, Ц, Ч와 같은 자음이 오지 않습니다.

юг [유크] 남쪽   ю́ноша [유노샤] 청년

юла́ [율라] 팽이   утю́г [우쮸크] 다리미

Я я *Я я*

강세가 있으면 [야], 없으면 [이]로 발음합니다.

я́ [야] 나   язы́к [이즤크] 언어

мяч [마치] 경기   за́яц [자이쯔] 토끼

Ъ ъ

경음 부호(트뵤르듸 즈낙)입니다. '부호'이기 때문에 고유의 소리가 없으며 단어의 첫 글자로 오지 않습니다. 모음 e, ё, я, ю 앞에 오는 것이 특징이며, 소리를 나누는 역할을 합니다.

объём [압 + ㅡ + 욤 = 아브욤] 용량

отъе́зд [앋 + ㅡ + 예즈트 = 아뜨예즈트] 출발

Ь ь

연음 부호(먀끼이 즈낙)입니다. 경음 부호와 마찬가지로 고유의 음가가 없으므로 단어의 첫 글자로 오지 않습니다. 단어 중간이나 어미에 위치하여 자음과 모음 사이, 자음과 자음 사이의 발음을 부드럽게 해줍니다.

мать [마찌] 어머니 *vs.* мат [마트] 욕설

у́голь [우갈ㄹ] 석탄 *vs.* у́гол [우갈] 모서리

семья́ [씨미야] 가족 *vs.* се́мя [쎄먀] 씨앗, 모종

❸ 발음 규칙

🎧 00-7

(1) 모음과 강세

러시아어 단어는 모음에 강세가 옵니다. 강세가 오는 모음은 강조해서 길고 강하게 발음합니다. 강세가 없는 모음은 상대적으로 짧고 약하게 발음합니다. 모음이 2개 이상 결합된 단어에서 강세가 없는 모음은 고유의 소리를 잃고 다른 모음의 소리가 납니다.

① 경모음 o

강세가 있을 때는 [오], 강세가 없을 때는 [아]로 발음합니다.

дом [돔] 집

э́то [에따] 이(것)

окно́ [아끄노] 창문

о́коло [오깔라] 근처에, 대략

пого́да [빠고다] 날씨

молоко́ [말라꼬] 우유

② 연모음 e

강세가 있을 때는 [예], 없을 때는 [이], 강세가 없으면서 단어의 끝에 올 때는 약하게 [예]로 발음합니다.

ве́село [베씰라] 즐겁게

неде́ля [니젤랴] 일주일

еда́ [이다] 음식

по́езд [뽀이즈트] 기차

челове́к [칠라벡] 사람

зда́ние [즈다니예] 건물

③ 연모음 я

강세가 있을 때는 [야], 없을 때는 [이], 강세가 없으면서 단어 끝에 올 때는 약하게 [야]로 발음합니다.

я [야] 나

ме́сяц [메씨쯔] 달

Коре́я [까레야] 한국

пятьдеся́т [삐지샷] 50

язы́к [이직] 언어

Япо́ния [이뽀니야] 일본

(2) 자음의 변화

① 유성음화 규칙

무성자음 뒤에 유성자음이 올 경우 무성자음이 유성자음으로 발음됩니다.

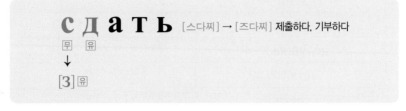

сдать [스다찌] → [즈다찌] 제출하다, 기부하다

футбол [푸(f)드볼] 축구
[д]

экзамен [이그자민] 시험
[г]

просьба [쁘로지바] 부탁, 요청
[з]

также [따그줴] 또한
[г]

② 무성음화 규칙

유성자음 뒤에 무성자음이 올 경우 유성자음이 무성자음으로 발음됩니다.

лодка [로드까] → [로뜨까] 배

юбка [윱까] 치마
[п]

ложка [로슈까] 숟가락
[ш]

сказка [스까스까] 이야기
[с]

второй [프(f)따로이] 두 번째의
[ф]

유성자음이 단어 맨 끝에 올 때 무성자음으로 발음합니다.

단어	발음
сад 정원	сат [싸트]
глаз 눈	глас [글라스]
нож 칼	нош [노쉬]
друг 친구	друк [드룩]

③ 기타 규칙

д[ㄷ], т[ㄸ]가 연모음 я, е, ё, ю, и와 연음 부호 ь과 결합하면 [ㅈ]와 [ㅉ]에 가깝게 발음합니다.

단어	발음
день 하루	덴(×) → 젠 (○)
диалог 대화	디알록 (×) → 지알록 (○)
дедушка 할아버지	데두슈까 (×) → 제두슈까 (○)
тётя 이모, 고모	또따 (×) → 쪼짜 (○)
театр 극장	띠아뜨르 (×) → 찌아뜨르 (○)

단, 외래어의 경우 [ㄸ]로 발음합니다.

интернет [인떼르넷] 인터넷   **компьютер** [깜퓨떼르] 컴퓨터

④ 예외 발음

① -его, -ого가 포함된 단어나 어미 변화형(생격)에는 г가 в(영어의 v발음)로 발음됩니다.

сегодня [씨보드냐] 오늘   **его** [이보] 그의

всего [프세보] 모든 것의   **ничего** [니치보] 아무것도

② что와 что로 파생되는 단어에서 ч가 ш로 발음됩니다.

что [슈또] 무엇   **конечно** [까녜슈나] 당연히

⑤ 묵음

2개 이상의 자음이 결합되는 경우에는 모든 자음을 발음하기가 어렵기 때문에 일부는 발음하지 않습니다.

단어	발음
со́лнце 해, 태양	[쏜쩨] (лнц → нц : л 묵음)
че́стный 정직한	[체쓰느이] (стн → сн : т 묵음)
пра́здник 기념일, 휴일	[쁘라즈닉] (здн → зн : д 묵음)
счастли́вый 행복한	[샤슬리브(v)이] (стл → сл : т 묵음)
голла́ндцы 네덜란드인	[갈란찜] (ндц → нц : д 묵음)
се́рдце 심장	[쎄릇쩨] (рдц → рц : д 묵음)
здра́вствуй 안녕	[즈드라스트부이] (вств → ств : в 묵음)

❹ 억양

러시아어 문장에서 억양은 문장의 의미를 전달하는 데 중요한 역할을 합니다. 같은 문장이라도 억양에 따라 평서문이 되기도 하고 의문문이 되기도 합니다. 평서문, 의문문의 억양을 살펴보겠습니다.

① 평서문

문장 끝을 내려줍니다.

| Это Антон. | 이 사람은 안톤이다. |
| Он студент. | 그는 학생이다. |

② 의문사가 없는 의문문

문장 끝을 올려줍니다.

| Это Антон? | 이 사람은 안톤인가요? |
| Он студент? | 그는 학생인가요? |

③ 의문사가 있는 의문문

의문사를 강조해주고 문장 끝은 내려줍니다.

| Что это? | 이것은 무엇인가요? |
| Где Антон? | 안톤은 어디에 있나요? |

⑤ 러시아어 특징

한국어는 '주어-목적어-술어'(나는 너를 좋아해) 형식의 문장 구조인 반면, 러시아어는 '주어-술어-목적어'(나는 좋아해 너를) 형식의 문장구조를 가지고 있습니다. 또한 러시아어는 단어 끝의 어미 형태가 그 단어가 가지고 있는 문법적 성격을 보여주는 언어입니다.

⑴ 품사

러시아어에는 명사, 대명사, 수사, 동사, 형용사, 부사, 전치사, 소사, 접속사, 감탄사 10개의 품사가 있습니다. 이 품사들 중 명사, 대명사, 형용사, 수사, 동사는 문장 안에서 자신의 문법적 성격을 보여 주기 위해 형태를 변화하는 품사들입니다. 부사, 전치사, 소사, 접속사, 감탄사는 형태 변화를 하지 않습니다.

⑵ 러시아어 형태 변화

① 성

러시아어 명사는 단수일 때는 남성, 여성, 중성 중 하나의 성을 가지며, 복수일 때는 수 개념만 남고 성은 사라집니다. 지시대명사, 소유대명사, 형용사도 성을 표현할 수 있으며 어미를 변화시켜 뒤에 오는 명사와 성을 일치시켜야 합니다.

	남성	여성	중성
	Иван 이반 он 그 мой 나의 красивый 아름다운	Анна 안나 она 그녀의 моя 나의 красивая 아름다운	солнце 태양 оно 그것의 моё 나의 красивое 아름다운
명사	-자음, -й, -ь으로 끝난다.	-а, -я, -ь로 끝난다.	-о, -е, -ие, -мя으로 끝난다.
대명사	자음으로 끝난다.	а로 끝난다.	о로 끝난다.
소유대명사	й 로 끝난다.	я로 끝난다.	ё로 끝난다.
형용사	-ый, -ой, -ий로 끝난다.	-ая, -яя로 끝난다.	-ое, -ее로 끝난다.

② 수

러시아어에는 관사가 없습니다. 앞서 설명했듯이 명사를 성으로 구별하고 복수 또한 어미의 형태를 변화시켜 나타냅니다. 형용사가 복수 명사를 수식할 때 형용사도 복수 형태로 바꿔야 합니다.

단수	복수	의미
это	эти	이들
он, она	они	그들
стол	столы	책상들
мой, моя, моё	мои	나의
красивый, красивая	красивые	아름다운

③ 격

러시아어에는 6가지 격이 있습니다. 각각의 격 형태는 단어의 어미를 변화시켜 나타냅니다. 10품사 중 명사, 대명사, 수사, 형용사가 격변화를 합니다. 러시아의 6격은 아래 표에 담긴 단적인 의미보다 훨씬 더 다양한 역할을 합니다. 아래 표에서는 기본적이며 1차적인 개념만 제시하며, 자세한 개념과 예시는 본과에서 알아보도록 하겠습니다.

격	의미/역할	예문	해석
주격 (1격)	주어	Я сплю.	나는 잔다.
생격 (2격)	소유	Друг Антона	안톤의 친구
여격 (3격)	간접목적어	Дай мне деньги.	나에게 돈을 줘.
대격 (4격)	직접목적어	Он любит меня.	그는 나를 사랑한다.
조격(5격)	수단, 도구	Я пишу письмо ручкой.	나는 펜으로 편지를 쓴다.
전치격(6격)	위치, 내용	Они разговаривают обо мне.	그들이 나에 대해 얘기한다.

※ **격 지배**

ⓐ **동사의 격 지배**

러시아어에서는 특정 동사가 특정 격을 지배합니다.

ⓑ **전치사의 격 지배**

러시아어에서 전치사는 수십여 가지에 이를 정도로 다양합니다. 전치사는 문장 안에서 다양한 역할을 하는데, 각각의 전치사가 지배하는 격이 정해져 있기 때문에 전치사 다음에 오는 명사나 형용사는 이에 맞춰 격변화합니다.

영어	러시아어	영어	러시아어
about + 목적격	о + 전치격	at, in + 목적격	в, на + 전치격
for + 목적격	для + 생격	with + 목적격	с + 조격
to + 목적격	в, на + 대격	without + 목적격	без + 생격

(3) 러시아어 이름

한국 이름은 성과 이름으로 되어 있지만 러시아 이름은 성과 이름 외에 아버지의 이름에서 딴 부칭이 들어갑니다. 부칭은 아버지의 이름에 특정 어미를 붙여 만드는데, 아들의 경우 -евич [예비치]/ -ович [오비치]를 붙이고, 딸의 경우 -евна [예브나]/-овна [오브나]를 붙입니다.

Толстой   Лев   Николаевич
[딸스또이]   [레프]   [니깔라예비치]
성   이름   부칭

우리가 알고 있는 러시아의 대문호 '톨스토이'는 성이며 그의 이름은 '레프'입니다. 부칭은 '니콜라예비치'입니다. 톨스토이의 아버지 이름이 Николай [니꼴라이]라는 것을 알 수 있습니다. 만약 톨스토이가 여자였다면 부칭은 Николаевна [니깔라예브나]였을 겁니다.

① 호칭

공식적인 문서에는 Фамилия[파밀리야] '성', Имя[이먀] '이름', Отчество[오체스트바] '부칭' 순으로 씁니다. 공문서에 성명을 기입하는 란에는 Ф.И.О라고 되어 있는데 '성 + 이름 + 부칭'의 약어입니다. 공식적인 자리에서 잘 알지 못하는 상급자나 손님에게는, 남자의 경우 성 앞에 господин[가스빠진] 또는 мистер[미스떼르], 여자의 경우 госпожа[가스빠쥬아]를 붙여 사용합니다. 서로 잘 알거나 친한 윗사람을 예의를 갖추어 부를 때는 '이름 + 부칭'을, 서로 잘 아는 지인이나 친구를 부를 때는 이름(또는 애칭, 줄인 이름)을 사용합니다.

② 존대

러시아어에도 한국어와 마찬가지로 존대 표현이 있습니다. 인칭대명사를 예로 들면,

	단수	복수
1인칭	я 나	мы 우리
2인칭	ты 너 Вы 당신	вы 너희
3인칭	он 그 она 그녀	они 그들

공적인 관계나 웃어른에게는 2인칭 복수인 вы를 사용하며, 서면상에서는 존중, 존경의 표현으로 앞글자를 대문자로 하여 Вы로 써줍니다.

❻ 러시아어 인사말

러시아어에는 한국어처럼 경어와 존칭이 있습니다. 그렇기 때문에 친한 사이와 공적인 관계에서 주고 받는 인사가 달라집니다. 다만, 부모나 조부모, 친척 등 웃어른이라 할지라도 친한 사이에서는 격의 없이 인사를 주고 받을 수 있습니다.

● 만나고 헤어질 때

(1) 공적인 사이

Здравствуйте! [즈드라스트부이쩨] 안녕하세요.

До свидания! [다 스비다니야] 안녕히 계세요(가세요).

(2) 친한 동료나 친구 사이

Привет! [쁘리벳] 안녕!   **Пока!** [빠까] 잘 가/잘 있어!

(3) 상황에 따라

Доброе утро. [도브러예 우뜨라] 안녕하세요. (아침 인사)

Добрый день. [도브리 젠] 안녕하세요. (점심 인사)

Добрый вечер. [도브리 베체르] 안녕하세요. (저녁 인사)

Спокойной ночи. [스빠꼬이노이 노치] 안녕히 주무세요. (밤 인사)

Приятного аппетита. [쁘리야뜨나버 아삐찌따] 맛있게 드세요. (식사 때)

● 안부를 물을 때

Как дела? [깍 젤라] 어떻게 지내(시나요)?   **Хорошо.** [하라쇼] 좋아(요).

Нормально. [나르말나] 괜찮아(요).   **Плохо.** [쁠로하] 안 좋아(요).

● 감사와 사과

Спасибо. [스빠씨바] 고맙습니다.   **Пожалуйста.** [빠좔스따] 별말씀을요.

Извините. [이즈비니쩨] 미안합니다/실례합니다.   **Простите.** [쁘라스찌쩨] 미안합니다/죄송합니다.

Ничего. [니치보] 괜찮습니다.

Это паспорт.

이것은 여권입니다.

🎧 01-1

Пограни́чник	Здра́вствуйте!
	즈드라스트부이쩨

Минсу	Здра́вствуйте!
	즈드라스트부이쩨

Пограни́чник	Па́спорт①, пожа́луйста!
	빠스뻐르트 빠좔스따

Минсу	Вот, пожа́луйста!
	봍 빠좔스따

Пограни́чник	Всего́ до́брого!②
	프세보 도브러바

Минсу	Спаси́бо!
	스빠씨바

📝 해석

출입국 심사관: 안녕하세요.
민수: 안녕하세요.
출입국 심사관: 여권을 보여주세요.
민수: 여기 있습니다.
출입국 심사관: 안녕히 가세요.
민수: 고맙습니다.

① "여권을 보여주세요"라는 의미로 покажите(보여주세요)라는 동사가 생략된 명령문입니다. 러시아어는 단어가 문장 안에서 어떤 역할을 하느냐에 따라 형태가 달라지고, 생략도 자주 일어납니다.

② 헤어질 때 쓰는 인사로, 직역하면 '모든 것이 잘 되길 바랍니다'라는 뜻입니다. желать(바라다) 동사가 생략된 표현입니다.

- □ пограни́чник 출입국 심사관
- □ здра́вствуйте 안녕하세요
- □ па́спорт 여권
- □ пожа́луйста
  상대에게 부탁할 때 덧붙이는 말
- □ вот 여기
- □ всего́ до́брого
  잘 지내세요(안녕히 가세요)
- □ спаси́бо 고맙습니다

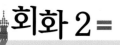

🎧 01-2

Мина	**Фёдор, э́то па́спорт?** 표더르　에따　빠스뻬르트
Фёдор	**Нет, э́то не па́спорт.** 넫　에따　니　빠스뻬르트
Мина	**А э́то па́спорт?** 아　에따　빠스뻬르트
Фёдор	**Да, э́то па́спорт.** 다　에따　빠스뻬르트
Мина	**Поня́тно!** 빠냐뜨나

💬 **해석**

미냐: 안톤, 이게 여권이야?
표도르: 아니, 이것은 여권이
아니야.
미냐: 그럼 이것은 여권이야?
표도르: 응, 이것이 여권이지.
미냐: 알겠어.

☐ а 그러면　　　　　　　☐ поня́тно! 알겠다(이해했다)

문법

Ⓐ 명사

사람, 물건, 장소 등의 이름을 명사라고 합니다. 엄마, 아빠부터 축구팀이나 아이돌 그룹의 이름까지 모두 명사입니다.

мама	папа	смартфон	Москва	любовь
엄마	아빠	스마트폰	모스크바	사랑

● 명사의 성

러시아어 명사에는 각각의 성이 존재합니다. 명사의 성은 남성, 여성, 중성으로 나뉘며 단어의 마지막 철자로 구분이 가능합니다. '아빠', '엄마'처럼 의미 자체로 단어의 성이 정해지기도 하지만, 그 외에는 단어가 지닌 의미와는 무관합니다.

① 남성 명사 : 자음이나 -ь, -й로 끝남

    дом 집   день 낮(일)   музей 박물관

② 여성 명사 : -а, -я, -ь로 끝남

    мама 엄마   черешня 체리   ночь 밤

③ 중성 명사 : -о, -е, -ие, -мя로 끝남

    дерево 나무   море 바다   здание 건물   имя 이름

> **예외**
>
> ① папа(아빠), дедушка(할아버지)처럼 여성 명사 형태(-а)로 끝나는 남성 명사도 있습니다.
> ② такси(택시), кино(영화)처럼 외래어 중 일부는 단어 모양과 상관없이 중성 명사로 정해진 경우도 있습니다.
> ③ кофе(커피)는 -е로 끝나 중성 명사일 것 같지만 예외적으로 남성 명사입니다. 기억하세요!

Ⓑ это 구문 : 이것은 ~입니다

это는 '이것', '그것'을 뜻하는 지시대명사입니다. это가 '이것/그것은 ~이다'라는 문장의 주어로 올 경우에는 성과 수에 상관없이 사람, 사물 모두를 받습니다. 러시아어로 '이것(이 사람)은 ~이다'라는 현재시제 문장을 만들 때 '이다'에 해당하는 동사가 생략됩니다.

Это дом. 이것은 집이다.

Это Корея. 이것은 한국이다.

ⓒ 의문문

의문문은 평서문과 같은 어순으로, 문장 끝에 물음표를 붙이고 문장의 끝을 올려줍니다.

Это ноутбук? 이것은 노트북인가요?

Это актёр? 이분은 (남자) 배우인가요?

질문에 대한 긍정 대답은 다음과 같이 합니다.

Да, это ноутбук. 네, 이것은 노트북입니다.

Да, это актёр. 네, 이 사람은 배우입니다.

부정형은 부정하려는 말 앞에 '아니다'의 의미인 не를 붙여줍니다.

Нет, это не ноутбук. 아니요, 이것은 노트북이 아닙니다.

Нет, это не актёр. 아니오, 이 사람은 배우가 아닙니다.

ⓓ 접속사 и

и는 '그리고'라는 뜻으로, 단어를 나열할 때 쓰는 접속사입니다. 단, 3개 이상의 명사를 나열할 때는 쉼표를 사용하고, 마지막 단어 앞에 и를 씁니다.

Это молоко и сыр. 이것은 우유와 치즈입니다.

Это папа, мама, брат и собака. 이들은 아빠, 엄마, 남동생 그리고 개입니다.

단어　Корея 한국　　актёр 배우　　молоко 우유　　сыр 치즈　　брат 남자 형제　　собака 강아지

연습문제

1. 다음 질문에 답하세요.

  (1) 남성 명사를 고르세요.

   дом, книга, папа, окно, море, собака, смартфон, Антон

  (2) 여성 명사를 고르세요.

   мама, дедушка, папка, ноутбук, планшет

  (3) 중성 명사를 고르세요.

   дом, окно, папа, такси, виза, море

  (4) 남성 명사는 □, 여성 명사는 ○, 중성 명사는 △ 표시하세요.

   Анна, Антон, Москва, кино, черешня, имя, паспорт, море, дом

2. 다음 문장을 러시아어로 쓰세요.

  (1) 이 사람은 안톤입니다.　　　⇒ _____

  (2) 이것은 노트북이 아닙니다.　 ⇒ _____

  (3) 이것은 스마트폰입니까?　　 ⇒ _____

  (4) 이 사람이 안나입니까?　　　⇒ _____

  (5) 아니요, 이 사람은 안나가 아닙니다.　⇒ _____

3. 다음 질문에 답하세요.

  (1) Это мама?　　　⇒ (긍정) _____

  (2) Это паспорт?　　⇒ (부정) _____

  (3) Это море?　　　⇒ (긍정) _____

  (4) Это собака?　　⇒ (부정) _____

단어 окно 창문　папка 파일　планшет 태블릿PC　виза 비자

4. 다음 질문에 알맞은 답을 보기에서 고르세요.

(1) Это дом?

① Да, это мама.　　　② Да, это дом.

③ Да, это не дом.　　 ④ Нет, это не мама.

(2) Это Москва?

① Да, это Россия.　　② Нет, это Москва.

③ Нет, это не Москва.　④ Да, это не Москва

5. 질문을 듣고 그림과 일치하는 답을 고르세요.

🎧 01–3

(1)

① Да, это планшет.　　② Да, это ноутбук.

③ Нет, это не смартфон.　④ Да, это смартфон.

(2)

① Да, это собака.　　② Да, это кошка.

③ Нет, это не собака.　④ Да, это не кошка.

6. 다음 알파벳 퍼즐을 보고 단어를 찾아보세요. (4개)

Д	О	М	Ю	Ё	К
К	А	О	К	Н	О
А	Г	Р	Х	Й	Ф
В	Ш	Е	З	Ы	Е
М	А	М	А	Ь	Э

단어 Россия 러시아　кошка 고양이

추가 어휘

🎧 01-4

 이름

러시아 이름은 길기로 유명합니다. 가까운 사이에서는 긴 이름을 짧은 형태의 애칭으로 부릅니다.
아래 표에 있는 이름의 변화를 확인해 보세요.

남성 이름	애칭	여성 이름	애칭
Алекса́ндр 알렉산드르	Са́ша 싸샤	Алекса́ндра 알렉산드라	Са́ша 싸샤
Валенти́н 발렌틴	Ва́ля 발랴	Валенти́на 발렌티나	Ва́ля 발랴
Ви́ктор 빅토르	Ви́тя 비쨔	Викто́рия 빅토리아	Ви́ка 비까
Евге́ний 예브게니	Же́ня 제냐	Евге́ния 예브게니야	Же́ня 제냐
Алексе́й 알렉세이	Алёша 알료샤	Анастаси́я 아나스타샤	На́стя 나스쨔
Бори́с 보리스	Бо́ря 보랴	Варва́ра 바르바라	Ва́ря 바랴
Влади́мир 블라디미르	Воло́дя 발로쟈	Екатери́на 예카테리나	Ка́тя 카탸
Дми́трий 드미트리	Ди́ма 디마	Елизаве́та 엘리자베타	Ли́за 리자
Ива́н 이반	Ва́ня 바냐	Еле́на 엘레나	Ле́на 레나
Константи́н 콘스탄틴	Ко́стя 코스쨔	Мари́я 마리야	Ма́ша 마샤
Михаи́л 미하일	Ми́ша 미샤	Ната́лия 나탈리야	Ната́ша 나타샤
Никола́й 니콜라이	Ко́ля 콜랴	Наде́жда 나제즈다	На́дя 나쟈
Пётр 표트르	Пе́тя 페탸	О́льга 올가	О́ля 올랴
Рома́н 로만	Ро́ма 로마	Софи́я 소피야	Со́ня 쏘냐
Серге́й 세르게이	Серёжа 시료쟈	Светла́на 스베틀라나	Све́та 스베타
Фёдор 표도르	Фе́дя 페쟈	Татья́на 타티아나	Та́ня 타냐
Ю́рий 유리	Ю́ра 유라	Ю́лия 율리야	Ю́ля 율랴

연습문제정답

1.

(1) дом 집, папа 아빠,
    смартфон 스마트폰, Антон 안톤

(2) мама 엄마, папка 파일

(3) окно 창문, такси 택시, море 바다

(4) □ : Антон, паспорт, дом
    ○ : Анна, Москва, черешня
    △ : кино, имя, море

2.

(1) Это Антон.

(2) Это не ноутбук.

(3) Это смартфон?

(4) Это Анна?

(5) Нет, это не Анна.

3.

(1) Да, это мама.

(2) Нет, это не паспорт.

(3) Да, это море.

(4) Нет, это не собака.

4.

(1) 이것은 집입니까?
    ① 네, 이 사람은 엄마입니다.
    ② 네, 이것은 집입니다.
    ③ 네, 이것은 집이 아닙니다.
    ④ 아니요, 이것은 엄마가 아닙니다.

(2) 이것은 모스크바입니까?
    ① 네, 이것은 러시아입니다.
    ② 아니요, 이것은 모스크바입니다.
    ③ 아니요, 이것은 모스크바가 아닙니다.
    ④ 네, 이것은 모스크바가 아닙니다.

5. [MP3 01-3]

(1) Это смартфон? 이것은 스마트폰인가요?
(2) Это собака? 이것은 강아지인가요?

(1) ① 네, 이것은 태블릿 PC입니다.
    ② 네, 이것은 노트북입니다.
    ③ 아니요, 이것은 스마트폰이 아닙니다.
    ④ 네, 이것은 스마트폰입니다.

(2) ① 네, 이것은 강아지입니다.
    ② 네, 이것은 고양이입니다.
    ③ 아니요, 이것은 강아지가 아닙니다.
    ④ 네, 이것은 고양이가 아닙니다.

6. дом 집, море 바다, мама 엄마, кофе 커피

Д	О	М	Ю	Ё	К
К	А	О	К	Н	О
А	Г	Р	Х	Й	Ф
В	Ш	Е	З	Ы	Е
М	А	М	А	Ь	Э

Кто это?

이 사람은 누구인가요?

주요 문법

- 의문사 кто 와 что ● 인칭대명사

회화 1

녹음 파일을 들으며 큰 소리로 따라 읽어 보세요.

Минсу	**Здра́вствуйте, Вы А́нна?** 즈드라스트부이쩨　비 안나
А́нна	**Да, э́то я. Здра́вствуйте! Добро́ пожа́ловать!** 다　에따 야 즈드라스트부이쩨　다브로　빠잘로바찌
Минсу	**О́чень прия́тно.**① **Кто э́то?** 오친　쁘리야뜨나　크또 에따
А́нна	**Э́то Э́ва. Она́ – моя́**② **колле́га.** 에따 에바　아나　마야　깔례가
Минсу	**Здра́вствуйте, Э́ва. Я – Минсу. О́чень прия́тно.** 즈드라스트부이쩨　에바 야　민수　오친　쁘리야뜨나
Э́ва	**О́чень прия́тно, Минсу.** 오친　쁘리야뜨나　민수

💬 **해석**

민수: 안녕하세요. 당신은 안나 씨인가요?
안나: 네, 맞습니다. 안녕하세요. 환영합니다.
민수: 반갑습니다. 이분은 누구세요?
안나: 이분은 에바예요. 그녀는 나의 동료예요.
민수: 안녕하세요, 에바 씨. 저는 민수예요. 반갑습니다.
에바: 민수 씨 반갑습니다.

① 처음 만나 인사할 때 쓰는 "О́чень прия́тно."(반갑습니다)라는 표현은 '알게 되어 반갑다'라는 의미로, '만나다', '알게 되다'라는 뜻의 познако́миться라는 동사가 생략된 표현입니다.
② моя́는 '나의'라는 소유대명사 мой의 여성형입니다. 3과 p.58 참고

☐ вы 당신은/너희	☐ о́чень 매우	☐ она́ 그녀는
☐ я 나	☐ прия́тно 반가운	☐ колле́га 동료
☐ добро́ пожа́ловать 환영합니다	☐ кто 누구	

회화 2 =

녹음 파일을 들으며 큰 소리로 따라 읽어 보세요.

🎧 02-2

Фёдор	Приве́т, Ю́ля! Что э́то? 쁘리비엘 율랴 쉬또 에따
Ю́ля	Фёдор, приве́т! Э́то планше́т! Здо́рово, да? 표더르 쁘리비엘 에따 쁠란셸 즈도로바 다
Фёдор	А что э́то? 아 쉬또 에따
Ю́ля	Э́то фо́то. 에따 포따
Фёдор	Поня́тно, кто э́то? 빠냐드나 크또 에따
Ю́ля	Э́то мой брат Ви́ктор. 에따 모이 브랕 빅떠르
Фёдор	Кто он?[①] 크또 온
Ю́ля	Он – юрист. 온 유리스트

📑 **해석**

표도르: 율랴, 안녕? 이게 뭐야?
율랴: 표도르 안녕? 이거 태블릿
PC야. 멋지지?
표도르: 그러면 이건 뭐야?
율랴: (이건) 사진이야.
표도르: 그렇구나.
이 사람은 누구야?
율랴: 이 사람은 나의 오빠,
빅토르야.
표도르: 그는 뭐 하는 사람이야?
율랴: 그는 변호사야.

① "Кто э́то?"라는 질문 뒤에 "Кто он(она)?"(그(녀)가 누구야?)라고 물으면 직업으로 답할 수 있습니다.

☐ приве́т 안녕   ☐ здо́рово 멋지다   ☐ брат 형/남동생
☐ планше́т 태블릿 PC   ☐ фо́то 사진(фотография의 줄임말)   ☐ юри́ст 변호사

문법

A 의문사 кто

кто는 '누구'라는 뜻의 의문사입니다. '누구'라는 질문에는 이름, 관계 등으로 답할 수 있습니다.

Q: Кто это ? 이 사람은 누구인가요?

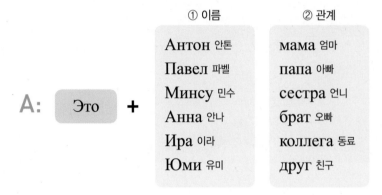

① 이름

Антон 안톤
Павел 파벨
Минсу 민수
Анна 안나
Ира 이라
Юми 유미

② 관계

мама 엄마
папа 아빠
сестра 언니
брат 오빠
коллега 동료
друг 친구

A: Это + ...

러시아어에서는 동물도 '생명체'로 인식하고 의문사 кто를 사용합니다.

Кто это? 이것은 무엇인가요?
Это кот. 이것은 고양이입니다.

Кто это? 이것은 무엇인가요?
Это собака. 이것은 개입니다.

B 의문사 что

что는 '무엇'이란 뜻의 의문사입니다. что는 무생물, 즉 사물이나 추상적인 대상에 대한 질문에 사용합니다.

발음 ч는 'ㅊ' 발음이지만 что에서 예외적으로 '쉬또'로 발음합니다.

Что это? 이것은 무엇인가요?

Это пицца. 이것은 피자입니다.
Это Китай. 이것은 중국입니다.
Это жизнь. 이것이 삶입니다.

단 어 пицца 피자　Китай 중국　жизнь 삶

ⓒ 인칭대명사

인칭대명사란 사람을 가리키는 대명사입니다.

	단수	복수
1인칭	я [야] 나는	мы [믜] 우리는
2인칭	ты [띄] 너는 / Вы [븨] 당신은	вы [븨] 너희는
3인칭	он [온] 그는 / она [아나] 그녀는	они [아니] 그들은

중요! 러시아어에도 높임말이 있습니다. 2인칭 단수 вы는 존대의 의미로, '당신, 귀하'라는 뜻입니다. **p.32 참고**
3인칭 인칭대명사는 사물을 가리킬 때도 사용하며, 중성 단수 사물 명사는 оно [아노]를 사용합니다.

3인칭에 한하여 인칭대명사가 일반 사물 명사를 대신하기도 합니다.

	사람	사물
он 그	мужчина 남자 отец 아버지 дедушка 할아버지	дом 집 интернет 인터넷 день 낮 словарь 사전
она 그녀	женщина 여자 мать 어머니 бабушка 할머니	школа 학교 черешня 체리 ночь 밤
оно 그것	×	письмо 편지 море 바다 время 시간

Это моя бабушка. Она – юрист. 이분은 나의 할머니입니다. 그녀는 변호사입니다.

Это Антон. Он – студент. 이 사람은 안톤입니다. 그는 학생입니다.

Это письмо. Оно моё. 이것은 편지입니다. 그것은 내것입니다.

'~는 ○○입니다'라는 문장에서 주어가 это가 아닌 인칭대명사일 경우 '–'(줄표)가 '~이다'의 역할을 하기도 합니다. 읽을 때나 말할 때 따로 읽지 않습니다.

Я – студент. 나는 학생입니다.

Он – профессор. 그는 교수입니다.

Она – актриса. 그녀는 배우입니다.

단어 мой (моя, моё) 나의   письмо 편지   студент 학생   профессор 교수   актриса 배우(여자)

연습문제

1. 빈칸에 알맞은 단어를 고르세요.

(1) _____ это?   Это Иван.

　　① Что　　　② Где　　　③ Кто　　　④ Кого

(2) _____ это?   Это здание.

　　① Что　　　② Где　　　③ Кто　　　④ Кого

(3) Кто это?　　Это _____.

　　① Москва　　② отец　　③ Россия　　④ жизнь

(4) Что это?　　Это _____.

　　① Катя　　　② мама　　③ улица　　④ кот

2. 질문에 알맞은 답을 고르세요.

(1) Это черешня?

　　① Не говори так!　　② Да, это черешня.

　　③ Это что?　　　　　④ Нет, это не сок.

(2) Анна студентка?

　　① Да, Антон студент.　　② Да, она профессор.

　　③ Да, она студентка.　　④ Нет, она студентка.

(3) Что это?

　　① Это врач.　　　　② Это ГУМ.

　　③ Это Антон.　　　④ Это отец.

단어 не говори так 그렇게 말하지 매   черешня 체리   сок 주스   студентка (여)학생   ГУМ 굼 백화점

3. 다음 문장을 러시아어로 쓰세요.

   (1) 안톤은 학생입니다.   ➡ _____

   (2) 이 사람이 나예요.   ➡ _____

   (3) 이것은 사랑입니다.   ➡ _____

4. 다음을 해석하세요.

> Здравствуйте! Очень приятно.
> Я – Аня. Я – врач. Это Катя. Она – моя сестра. Она тоже врач.

➡ _____

_____

🎧 02–3

5. 대화를 듣고 내용과 일치하는 그림을 고르세요.

(1) ①   ②   ③   ④

(2) ①   ②   ③   ④

단어   врач 의사   тоже 또한, ~도   ребёнок 아기

🎧 02-4

직업

직업을 나타내는 명사에는 성 구분 없이 남성형과 여성형이 같은 단어도 있고 성에 따라 여성형에는
어미 -a, -ка를 붙여 구분하는 단어도 있습니다.

| 남성형과 여성형이 같은 직업 | | 남성형과 여성형이 다른 직업 | |
		남성 명사	여성 명사
디자이너	дизайнер	배우	актёр	актри́са
외교관	диплома́т	화가	худо́жник	худо́жница
의사	до́ктор, врач	농구선수	баскетболи́ст	баскетболи́стка
기술자	инжене́р	배구선수	волейболи́ст	волейболи́стка
매니저, 과장	ме́неджер	언론인	журнали́ст	журнали́стка
정치인	поли́тик	식당 종업원	официа́нт	официа́нтка
대통령	президе́нт	가수	певе́ц	певи́ца
프로그래머	программи́ст	피아니스트	пиани́ст	пиани́стка
요리사	по́вар	운동선수	спортсме́н	спортсме́нка
경제학자	экономи́ст	대학생	студе́нт	студе́нтка
변호사	юри́ст	테니스 선수	тенниси́ст	тенниси́стка
		축구 선수	футболи́ст	футболи́стка

연습문제정답

1.

(1) 이 사람은 _____ 인가요? 이 사람은 이반입니다.

 ① 무엇 ② 어디 ③ 누구 ④ 누구를

(2) 이것은 _____ 인가요? 이것은 건물입니다.

 ① 무엇 ② 어디 ③ 누구 ④ 누구를

(3) 이 사람은 누구인가요? 이 사람은 _____ 입니다.

 ① 모스크바   ② 아버지

 ③ 러시아   ④ 인생

(4) 이것은 무엇인가요? 이것은 _____ 입니다.

 ① 카탸 ② 엄마 ③ 거리 ④ 고양이

2.

(1) 이것은 체리입니까?

 ① 그렇게 말하지 마세요.

 ② 네, 이것은 체리입니다.

 ③ 이게 무엇입니까?

 ④ 아니요, 이것은 주스가 아닙니다.

(2) 안나는 학생입니까?

 ① 네, 안톤은 학생입니다.

 ② 네, 그녀는 교수입니다.

 ③ 네, 그녀는 학생입니다.

 ④ 아니요, 그녀는 학생입니다.

(3) 이것은 무엇입니까?

 ① 이분은 의사입니다.

 ② 이것은 굼(백화점)입니다.

 ③ 이 사람은 안톤입니다.

 ④ 이분은 아버지입니다.

3.

(1) Антон – студент.

(2) Это я.

(3) Это любовь.

4.

> 안녕하세요. 만나서 반갑습니다.
> 나는 아냐입니다. 나는 의사입니다. 이 사람은 카탸입니다. 그녀는 나의 언니입니다. 그녀도 의사입니다.

5. [MP3 **02-3**]

(1) W: Что это?

  M: Это сок.

  W: 이것은 무엇입니까?

  M: 이것은 주스입니다.

(2) W: Кто это?

  M: Это ребёнок.

  W: 이 사람은 누구입니까?

  M: 이 사람은 아기입니다.

(1) ③ (2) ②

Это мой друг.

이 사람은 나의 친구입니다.

주요 문법

● 소유대명사 ● 의문 소유대명사 чей ● 지시대명사 это

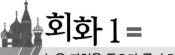

Минсу	**А́нна, познако́мьтесь!**[①]
	안나　　빠즈나꼬미쩨씨
А́нна	**Здра́вствуйте, как Вас зову́т?**[②]
	즈드라스트부이쩨　　까크 바스 자부트
Дэхан	**Здра́вствуйте, меня́ зову́т Ким Дэхан.**
	즈드라스트부이쩨　미냐 자부트　김　대한
А́нна	**Меня́ зову́т А́нна.**[③]
	미냐　자부트 안나
Дэхан	**О́чень прия́тно.**
	오친　　쁘리야뜨나
Минсу	**Это – мой друг и колле́га.**[④]
	에따　모이　드룩　이　깔레가

📢 **해석**

민수: 안나, 인사하세요.
안나: 안녕하세요, 당신의 이름은 무엇인가요?
대한: 안녕하세요, 제 이름은 김 대한입니다.
안나: 제 이름은 안나입니다.
대한: 반갑습니다.
민수: 이 사람은 저의 친구이자 동료예요.

① 처음 만나 소개할 때 쓰는 표현입니다.
② 이름을 묻는 표현으로 직역하면 '당신을 어떻게 부릅니까?'입니다.
③ 직역하면 '(사람들이) 나를 안나라고 부릅니다'입니다.
④ колле́га는 -а로 끝나 형태는 여성 명사 같지만 남성, 여성 모두 쓰이는 명사입니다.

☐ познако́мьтесь 인사하세요　　　　☐ меня́ зову́т ○○ 제 이름은 ○○입니다
☐ как Вас зову́т? 당신의 이름이 뭐예요?　☐ друг 친구

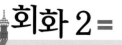

회화 2

녹음 파일을 들으며 큰 소리로 따라 읽어 보세요.

🎧 03-2

Фёдор	Та́ня, чьи э́то ве́щи?
	따냐 취이 에따 베쉬

Та́ня	Коне́чно, мои́!
	까네슈나 마이

Фёдор	Э́тот ноутбу́к – твой?
	에떹 노우뜨북 트보이

Та́ня	Нет – нет, это твой.
	녙 녤 에따 트보이

Фёдор	А чей э́то смартфо́н?
	아 췌이 에따 스마르뜨폰

Та́ня	Извини́, он то́же твой.
	이즈비니 온 또줴 트보이

Фёдор	Та́ня!
	따냐

💬 **해석**

표도르: 타냐. 이거 누구 거(물건)
야?
타냐: 당연히 내 거지.
표도르: 이 노트북 네 거야?
타냐: 아니. 아니, 그건 오빠 거야.
표도르: 그럼 이 핸드폰은 누구
거야?
타냐: 미안해. 그것도 오빠 거야.
표도르: 타냐!

□ ве́щи 물건　　　　□ коне́чно 당연히(당연하지)　　　　□ извини 미안해

 **문법**

Ⓐ 소유대명사

러시아어는 소유대명사로 '~의'와 '~의 것' 표현이 모두 가능합니다.

1인칭과 2인칭 소유대명사의 경우, 뒤에 오는 명사의 성과 수에 따라 형태가 달라집니다.

	я	ты	мы	вы	он/она	они
	나의 나의 것	너의 너의 것	우리의 우리의 것	너희의 너희의 것	그의/그녀의 그/그녀의 것	그들의 그들의 것
남성	мой	твой	наш	ваш	его/её	их
여성	моя́	твоя́	на́ша	ва́ша		
중성	моё	твоё	на́ше	ва́ше		
복수	мои́	твои́	на́ши	ва́ши		

중요! 3인칭의 경우 명사의 성과 수에 상관없이 его, её, их를 사용합니다.

Это **мой** ноутбук. 이것은 나의 노트북이다.

Этот ноутбук **мой** 이 노트북은 내 것이다.

Это **твоя** сумка. 이것은 너의 핸드백이다.

Эта сумка **твоя**. 이 핸드백은 너의 것이다.

Это **ваше** вино. 이것은 당신의 와인이다.

Это вино **ваше**. 이 와인은 당신의 것이다.

※ 소유대명사로 묻고 답하기

Это мой чемодан? 이것은 나의 여행 가방인가요?

→ Да, это твой чемодан. 응. 이것은 너의 여행 가방이야.

→ Нет, это не твой чемодан. 아니. 이것은 너의 여행 가방이 아니야.

Это твой паспорт? 이것은 너의 여권이니?

→ Да, это мой паспорт. 응. 이것은 내 여권이야.

→ Нет, это не мой паспорт. 아니. 이것은 내 여권이 아니야.

참고 대답할 때는, 문맥상 무엇을 물어보는지 알기 때문에 명사를 생략하여 Да, это мой. 또는 Нет, это не мой.라고 대답해도 됩니다.

단어 *сумка* 핸드백   *вино* 와인   *чемодан* 여행 가방

Ⓑ 의문 소유대명사 чей

чей는 '누구의 것'인지를 물을 때 사용하는 의문사입니다. 물어보고자 하는 대상의 성에 따라 다음과 같이 형태가 변화합니다.

남성	여성	중성	복수
чей	чья	чьё	чьи

Чей это дом? 이 집은 누구의 것입니까?

Чья это машина? 이 차는 누구의 것입니까?

Чьё это письмо? 이 편지는 누구의 것입니까?

Чьи это деньги? 이 돈은 누구의 것입니까?

Это мой дом. 이것은 나의 집입니다.

Это её машина. 이것은 그녀의 차입니다.

Это твоё письмо. 이것은 너의 편지야.

Это их деньги. 이것은 그들의 돈입니다.

Ⓒ 지시대명사 это

это는 문장을 이끄는 주어입니다. это는 품사로 보면 '이것'이라는 뜻의 지시대명사이지만 명사를 꾸며주는 형용사의 역할도 합니다. 이때는 뒤에 오는 명사의 성과 수에 따라 다음과 같이 형태가 달라집니다. 인칭대명사와 비교해 보겠습니다.

	남성	여성	중성	복수
인칭대명사	он	она	оно	они
지시대명사	этот	эта	это	эти

этот офис 이 사무실

это вино 이 와인

эта сумка 이 핸드백

эти деньги 이 돈

Этот офис мой. 이 사무실은 나의 것이다.

Это вино твоё. 이 와인은 너의 것이다.

Эта сумка её. 이 핸드백은 그녀의 것이다.

Эти деньги ваши. 이 돈은 너희의 것이다.

단어　машина 자동차　деньги 돈　офис 사무실

연습문제

1. 빈칸에 들어갈 수 <u>없는</u> 단어를 고르세요.

(1) Это _____ дом?

　　① мой　　② его　　③ наш　　④ ваша

(2) Чья это _____?

　　① книга　　② папа　　③ подруга　　④ мама

(3) Это наше _____?

　　① вино　　② письмо　　③ словарь　　④ здание

(4) Это _____ сумка?

　　① моя　　② твоя　　③ ваш　　④ наша

(5) Это не мой _____.

　　① телефон　　② молоко　　③ словарь　　④ планшет

2. 괄호 안에 알맞은 단어를 고르세요.

(1) Антон (мой, моя) брат.

(2) Чьё это (пицца, пиво)?

(3) (Этот, Эти) дом – мой.

(4) (Чей, Чья) это подарок?

(5) Это наш (словарь, письмо).

단어　книга 책　словарь 사전　здание 건물　пицца 피자　пиво 맥주　подарок 선물

3. 다음 문장을 러시아어로 쓰세요.

(1) 타냐는 내 친구입니다.   ➡ _____

(2) 그녀는 학생입니다.   ➡ _____

(3) 이것은 그녀의 노트북입니다.   ➡ _____

(4) 이것은 당신의 핸드폰이 아닙니다.   ➡ _____

(5) 이것은 누구의 와인입니까?   ➡ _____

4. 다음을 해석하세요.

> Привет, я Владимир. Я – журналист. Это Антон. Он мой коллега. Это не мой ноутбук. Это его ноутбук.

➡ _____

_____

🎧 03-3

5. 질문을 듣고 알맞은 답을 고르세요.

(1) _____ ?

① мой   ② твоя   ③ ваш   ④ твой

(2) _____ ?

① Да, это мой дом.   ② Нет, это не ваш.

③ Да, это мой чемодан.   ④ Это чемодан?

 장소

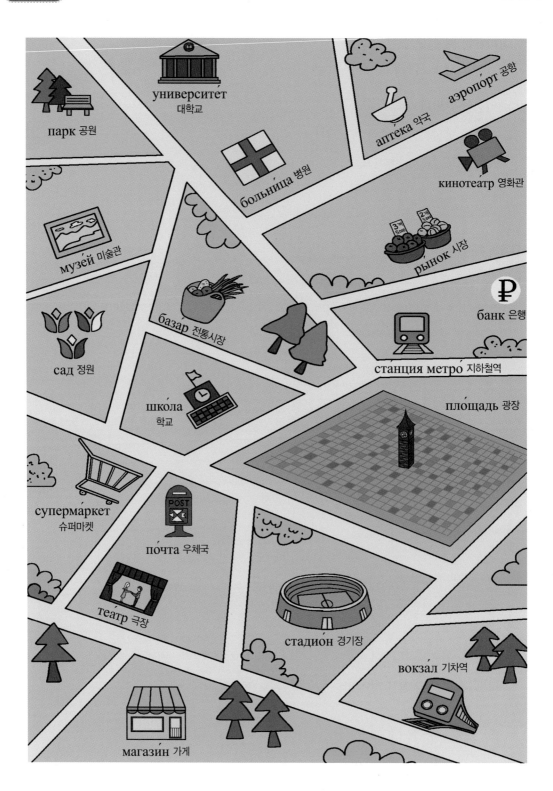

парк 공원

университет 대학교

аптека 약국

аэропорт 공항

больница 병원

кинотеатр 영화관

музей 미술관

рынок 시장

базар 전통시장

банк 은행

сад 정원

станция метро 지하철역

школа 학교

площадь 광장

супермаркет 슈퍼마켓

почта 우체국

театр 극장

стадион 경기장

вокзал 기차역

магазин 가게

연습문제정답

1.

(1) 이것이 _____ 집입니까?
    ① 나의   ② 그의   ③ 우리의   ④ 당신의

(2) 이분은 누구의 _____ 입니까?
    ① 책   ② 아빠   ③ 여자친구   ④ 엄마

(3) 이것이 우리의 _____ 입니까?
    ① 와인   ② 편지   ③ 사전   ④ 건물

(4) 이것은 _____ 가방인가요?
    ① 나의   ② 너의   ③ 당신의   ④ 우리의

(5) 이것은 내 _____ 가 아닙니다.
    ① 전화기   ② 우유   ③ 사전   ④ 패드

2.

(1) 안톤은 내 남동생이다. (мой)

(2) 이 맥주는 누구의 것이니? (пиво)

(3) 이 집은 나의 것이다. (Этот)

(4) 이것은 누구의 선물이야? (Чей)

(5) 이것은 우리의 사전이다. (словарь)

3.

(1) Таня – моя подруга.

(2) Она – студентка.

(3) Это её ноутбук.

(4) Это не ваш телефон.

(5) Чьё это вино?

4.

> 안녕, 난 블라디미르야. 나는 기자야. 이 사람은 안톤이야. 그는 내 동료야. 이것은 내 노트북이 아니야. 이것은 그의 노트북이야.

5. [MP3 03-3]

(1) **Чья это книга?** 이것은 누구의 책입니까?

(2) **Это ваш чемодан?**
이것은 당신의 여행 가방입니까?

(1) ② ('책'은 여성 명사)

(2) ① 네, 이것은 나의 집입니다.
    ② 아니오, 이것은 당신의 것이 아닙니다.
    ③ 네, 그것은 나의 여행 가방입니다.
    ④ 이것이 여행 가방입니까?

Что ты делаешь?

너는 뭐 하고 있니?

주요 문법

● 의문사 где ● 일반동사

회화 1

녹음 파일을 들으며 큰 소리로 따라 읽어 보세요.

🎧 04-1

А́нна	Ми́нсу, что Вы де́лаете?
	민수　　　쉬또 브 졜라예쩨
Ми́нсу	Я рабо́таю.
	야 라보따유
	А что Вы де́лаете, А́нна?
	아 쉬또 브 졜라예쩨　　안나
А́нна	Я смотрю́ ка́рту. Э́ва, что ты де́лаешь?
	야 스마뜨류　　까르뚜　에바　쉬또 띄 졜라예쉬
Э́ва	Я ничего́ не де́лаю.
	야 니치보　　　니 졜라유

🗨 **해석**

안나: 민수 씨, 뭐 하세요?
민수: 잠깐 일하고 있어요.
안나 씨는 뭐 하고 계세요?
안나: 저는 지도를 보고 있어요.
에바, 넌 뭐 하고 있어?
에바: 나는 아무것도 안 하고
있어.

☐ де́лать 하다　　　☐ смотре́ть 보다　　　☐ ничего́ 아무것(부정)
☐ рабо́тать 일하다

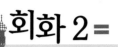

회화 2

녹음 파일을 들으며 큰 소리로 따라 읽어 보세요.

🎧 04-2

Юми	**Алло́! Фёдор, где́ ты сейча́с?** 알로 표더르 그제 띄 씨챠쓰
Фёдор	**Я до́ма, а ты где́?** 야 도마 아 띄 그제
Юми	**То́же до́ма, что ты де́лаешь?** 또줴 도마 쉬또 띄 젤라예쉬
Фёдор	**Рабо́таю.** 라보따유
Юми	**Рабо́таешь до́ма?** 라보따예쉬 도마
Фёдор	**Да, я о́чень за́нят.** 다 야 오친 자냐트

💬 **해석**

유미: 여보세요? 표도르야?
너 지금 어디야?
표도르: 나 집에 있지.
너는 어디야?
유미: 나도 집에 있어.
뭐 하고 있어?
표도르: 일하고 있어.
유미: 집에서 일하고 있어?
표도르: 응, 매우 바빠.

□ **сейча́с** 지금   □ **до́ма** 집에 있다   □ **за́нят(a)** 바쁘다

문법

Ⓐ 의문사 Где

Где는 '어디에'라는 뜻의 의문사입니다. 명사나 대명사의 주격과 의문사 '어디에'만 알면 충분히 문장을 만들 수 있습니다. "○○는 어디에 있나요?"라는 말은 의문사 Где 뒤에 주어(주격)를 씁니다.

Где 어디에 +

| я 나는 | ты 너는 | он 그는 | она 그녀는 | мы 우리는 |

Анна 안나는   Павел 파벨은   Москва 모스크바는   Сеул 서울은

ваш дом 당신의 집은   мой паспорт 내 여권은   его папка 그의 파일은

наша жизнь 우리 삶은   моя любовь 내 사랑은

?

위 질문에 나라나 도시 등 구체적인 위치로 답하려면 '전치격'을 알아야 합니다. 전치격은 7과에서 공부할 예정입니다. 본 과에서는 장소나 위치를 나타내는 부사를 사용하여 간단히 답하는 연습을 먼저 해보겠습니다.

тут, здесь	там	прямо	слева	справа	вверху	внизу	дома
여기	저기	정면에	왼쪽에	오른쪽에	위에	아래에	집에

Где мой журнал? 내 잡지가 어디에 있어요?

Где твоя сестра? 너의 누나는 어디에 있니?

Он (журнал) там. (잡지가) 저기에 있어요.

Она дома. 그녀는 집에 있어.

참고 현재시제에서 '있다'를 의미하는 동사는 생략됩니다.

Ⓑ 일반동사

делать 하다
어간 + 어미

러시아어 동사의 원형은 '어간+어미'로 이루어져 있고, 원형의 어미는 -ть, -ти, -чь 3가지가 있습니다. 러시아어 동사는 인칭에 따라 어미가 변화하는데, 동사의 원형에서 어미 -ть, -ти, -чь를 떼어낸 어간에 인칭별로 어미가 붙어 변화합니다.

러시아어 동사는 1형식 동사, 2형식 동사, 불규칙 동사가 있습니다. 본 과에서는 1형식과 2형식 동사의 현재형을 살펴보겠습니다.

1형식 동사 : 대개 -ать/-ять로 끝나는 동사, 즉 어간이 -а/-я로 끝나는 동사(편의상 -a로 표시)
　　　　　　 어미 -ть를 떼고 인칭에 따라 어미가 변화

2형식 동사 : -ить/-еть로 끝나는 동사, 즉 어미가 -a로 끝나지 않는 동사(편의상 ~a로 표시)
　　　　　　 -ить/-еть를 다 떼고 인칭에 따라 어미가 변화

1형식 동사 : -a			2형식 동사 : ~a		
работать 일하다			говорить 말하다		
Я	работа + ю	나는 일한다	Я	говор + ю	나는 말한다
Ты	работа + ешь	너는 일한다	Ты	говор + ишь	너는 말한다
Он Она Оно	работа + ет	그는 그녀는 그것은 / 일한다	Он Она Оно	говор + ит	그는 그녀는 그것은 / 말한다
Мы	работа + ем	우리는 일한다	Мы	говор + им	우리는 말한다
Вы	работа + ете	너희들은 일한다	Вы	говор + ите	너희들은 말한다
Они	работа + ют	그들은 일한다	Они	говор + ят	그들은 말한다

"파벨은 무엇을 하고 있니?"라는 문장에서 '파벨'은 3인칭입니다. '하다' 동사 делать는 어미가 -ать
로 끝나는 1형식 동사입니다. 규칙대로 바꿔보겠습니다.

Что + Павел + делает?
무엇을　　　 파벨은　　　 하고 있니

Что ты делаешь? 너는 무엇을 하고 있니?　　　　Я работаю. 나는 일하고 있어.

Кто говорит? 누가 말하고 있습니까?　　　　Юля говорит. 율랴가 말하고 있습니다.

부정 표현은 동사 앞에 не을 씁니다.

Он не работает. 그는 일하지 않습니다.

Они не отдыхают. 그들은 쉬고 있지 않습니다.

단어 отдыхать 쉬다

연습문제

1. 빈칸에 들어갈 수 없는 단어를 고르세요.

   (1) Что _____ делает?

   ① он   ② Антон   ③ папа   ④ ты

   (2) Антон _____.

   ① говорит   ② отдыхают   ③ работает   ④ ничего не делает

   (3) Я _____.

   ① работаю   ② отдыхаю   ③ говорят   ④ ничего не делаю

   (4) Мы _____.

   ① говорим   ② не делают   ③ работаем   ④ отдыхаем

2. 괄호 안에 알맞은 단어를 고르세요.

   (1) Антон (домой, дома).

   (2) Эва (отдыхает, отдыхают)?

   (3) (Они, Она) работают.

   (4) Мы (ни, не) работаем.

3. 다음 문장을 러시아어로 쓰세요.

   (1) 표도르는 집에서 일합니다.   ➡ _____

   (2) 나는 아무것도 하지 않습니다.   ➡ _____

   (3) 그녀는 무엇을 하고 있나요?   ➡ _____

4. 다음 그림을 보고 빈칸에 들어갈 단어를 쓰세요.(위치는 사람을 기준으로 함)

(1) Где кафе? Кафе _____.

(2) Что справа? _____ справа.

(3) Где кот? Кот _____.

(4) Где Минсу? _____ в центре. * в центре 가운데에, 중심에

5. 질문을 듣고 알맞은 답을 고르세요.

🎧 04-3

(1) _____?

① Она работает.　　② Мы работаем.

③ Он работает.　　④ Они работают.

(2) _____?

① Да, они отдыхают.　　② Да, они работают.

③ Нет, они не говорят.　　④ Нет, они работают.

🎧 04-4

1형식 동사

원형이 -ать, -ять로 끝납니다. 어미 -ть를 떼고 다음과 같이 어미가 변화합니다.

	단수	복수
1인칭	-у, -ю	-ем
2인칭	-ешь	-ете
3인칭	-ет	-ут, -ют

читать 읽다   знать 알다   отвечать 대답하다   понимать 이해하다

гулять 산책하다   спрашивать 묻다   слушать 듣다   играть 놀다

объяснять 설명하다   проверять 확인하다

2형식 동사

원형이 -ить, -еть로 끝납니다. 어미 -ить, -еть을 모두 떼고 다음과 같이 어미가 변화합니다.

	단수	복수
1인칭	-у, -ю	-им
2인칭	-ишь	-ите
3인칭	-ит	-ат, -ят

звонить 전화하다   строить 건설하다   курить 흡연하다   видеть 보다

дружить 친해지다   любить 사랑하다   готовить 요리하다   смотреть 보다

учить 가르치다   верить 믿다

＊ видеть는 '(시력으로) 보다', смотреть는 '(의지를 갖고) 보다'라는 뜻

중요! 2형식 동사 중 현재시제에서 인칭 어미 앞이 б, в, п, ф로 끝나는 동사는 1인칭 단수 인칭 어미 앞에 자음 -л-을 붙여줍니다.

люби́ть 사랑하다   →   я люблю́

гото́вить 음식을 만들다(요리하다)   →   я гото́влю

연습문제정답

1.

(1) _____가 무엇을 하나요? (동사가 3인칭 단수)

    ① 그는   ② 안톤은

    ③ 아빠는   ④ 너는 (2인칭)

(2) 안톤은 _____. (주어가 3인칭 단수)

    ① 말한다   ② 쉰다 (3인칭 복수)

    ③ 일한다   ④ 아무것도 하지 않는다

(3) 나는 _____. (주어가 1인칭 단수)

    ① 일한다   ② 쉰다

    ③ 말한다 (3인칭 복수)

    ④ 아무것도 하지 않는다

(4) 우리는 _____. (주어가 1인칭 복수)

    ① 말한다   ② 하지 않는다 (3인칭 복수)

    ③ 일한다   ④ 쉰다

2.

(1) 안톤은 집에 있다. (дома)

(2) 에바는 쉬고 있니? (отдыхает)

(3) 그들은 일한다. (Они)

(4) 우리는 일하지 않는다. (не)

3.

(1) Фёдор работает дома.

(2) Я ничего не делаю.

(3) Что она делает?

4.

(1) Где кафе? Кафе прямо.

    카페가 어디에 있나요? 카페가 앞에 있어요.

(2) Что справа? Машина справа.

    무엇이 오른쪽에 있나요? 자동차가 오른쪽에 있어요.

(3) Где кот? Кот слева.

    고양이는 어디에 있나요? 고양이는 왼쪽에 있어요.

(4) Где Минсу? Он в центре.

    민수는 어디에 있나요? 그는 중심에 있어요.

5. [MP3 04-3]

(1) Что Фёдор делает?

    표도르는 무엇을 하나요?

(2) Они работают?

    그들은 일하고 있나요?

(1) ① 그녀는 일하고 있어요.

    ② 우리는 일하고 있어요.

    ③ 그는 일하고 있어요.

    ④ 그들은 일하고 있어요.

(2) ① 네, 그들은 쉬고 있어요.

    ② 네, 그들은 일하고 있어요.

    ③ 아니요, 그들은 말하지 않아요.

    ④ 아니요, 그들은 일하고 있어요.

У меня есть хороший номер.

나의 방(객실)이 좋아요.

주요 문법

- 명사의 복수형 ● 형용사 ● **быть** 동사 ● '나에게 ~가 있어요'(생격)

회화 1

녹음 파일을 들으며 큰 소리로 따라 읽어 보세요.

А́нна   Алло́, Минсу?
알로   민수

Минсу   Да, А́нна, э́то я.
다   안나   에따 야

А́нна   Как ваш но́мер[①]? Норма́льно?
깍   바쉬   노메르   나르말나

Минсу   Да, у меня́ хоро́ший но́мер. Ую́тный.
다   우 미냐   하로쉬   노메르   우유뜨니

А́нна   В но́мере[②] есть та́почки и полоте́нце?
브 노몌례   예스찌 따퍼추끼   이 빨라쩬찌

Минсу   Да, есть. Спаси́бо.
다   예스찌   스빠씨바

💬 **해석**

안나: 여보세요? 민수 씨예요?
민수: 네, 안나 씨, 저예요.
안나: 방은 어때요? 괜찮아요?
민수: 네, 방이 좋아요. 아늑해요.
안나: 방에 슬리퍼나 수건이 있지요?
민수: 네 있어요. 고마워요.

① номер는 '번호'라는 뜻도 있지만 '객실'을 의미하기도 합니다.

② в номоре '전치사 в + 명사'의 형태입니다. 이때 명사는 전치격으로 어미가 변화합니다. 전치격은 p.98 참고

□ алло́ 여보세요	□ ую́тный 아늑한	□ полоте́нце 수건
□ хоро́ший 좋은	□ та́почки 실내화	

회화 2

녹음 파일을 들으며 큰 소리로 따라 읽어 보세요.

🎧 05-2

Фёдор	Ми́на, приве́т! Как дела́?
	미나　　쁘리비엘　까크 젤라
Ми́на	Приве́т! Фёдор, у тебя́ есть вре́мя?
	쁘리비엘　표더르　우 찌뱌 예스찌 브레먀
Фёдор	Да, коне́чно, что случи́лось?①
	다　까녜슈나　쉬또 슬루칠라씨
Ми́на	У меня́ дома́шние зада́ния сли́шком сло́жные.
	우 미냐 다마슈니예　자다니야　슬리슈껌　슬로쥬늬예
Фёдор	Пра́вда?② У меня́ то́же есть.
	쁘라브다　우 미냐　또줴　예스찌
Ми́на	Мно́го и́ли ма́ло?
	므노가　일리　말라
Фёдор	Мно́го, но они́ о́чень интере́сные.
	므노가　노 아니 오친　인쩨레스늬예

💬 해석

표도르: 미나, 안녕! 잘 지냈어?
미나: 안녕! 표도르! 시간 있어?
표도르: 응, 당연하지, 무슨 일이야?
미나: 과제가 너무 어려워서.
표도르: 그래? 나도 과제가 있는데.
미나: 과제가 많아 아니면 적어?
표도르: 많아, 그런데 무척 재미있어.

① что случилось?는 "무슨 일이야?", "왜 그래?"라는 표현입니다.
② правда는 명사로 '진실'이라는 뜻이지만, 회화에서 "правда?"라고 물으면, "정말이야?", "그래?" 정도의 의미로 표현됩니다.

☐ что случилось? 무슨 일이야?　　☐ сло́жный 어려운, 복잡한　　☐ мно́го 많이
☐ дома́шние зада́ния 과제　　　　☐ пра́вда 진실　　　　　　　　☐ ма́ло 적은
☐ сли́шком 너무

문법

Ⓐ 명사의 복수형

명사의 복수형은 단어 끝에 복수 어미 **-ы, -и, -а, -я**를 붙여 나타냅니다.

-ы	• 자음으로 끝나는 남성 명사 стол → столы 책상 журнал → журналы 잡지	• -a로 끝나는 여성 명사 мама → мамы 엄마 лампа → лампы 램프
-и	• -ь, -й로 끝나는 남성 명사 словарь → словари́ 사전 музей → музеи 미술관 • -ь, -я로 끝나는 여성 명사 вещь → вещи 물건 тётя → тёти 이모	• -к, -г, -х, -ч, -ж,-ш, -щ로 끝나는 남성·여성 명사 нож → ножи 칼 врач → врачи 의사 ручка → ручки 펜 задача → задачи 과제
-а	• -о로 끝나는 중성 명사 : окно → окна 창문 письмо → пи́сьма́ 편지	
-я	• -е, -ие로 끝나는 중성 명사 : море → моря́ 바다 здание → здания 건물	

예외 город – города́ 도시   друг – друзья 친구   человек – люди 사람   время – времена 시간

Ⓑ 형용사

형용사는 주어의 상태를 설명하거나 명사를 수식하는 역할을 합니다. 러시아어 명사는 성·수·격에 따라 형태가 달라지기 때문에 형용사 또한 주어나 수식하는 명사의 성과 수에 맞춰 형태가 변화합니다.

남성	여성	중성	복수
-ый, -ий, -ой	-ая, -яя	-ое, -ее	-ые, -ие

новый урок 새로운 수업   новая машина 새 차

новое платье 새 원피스   новые лекции 새로운 강의들

● **Какой + это + 명사?** 이 ~는 어때요?

какой는 '어떠한'이라는 뜻의 의문 형용사입니다. какой 또한 형용사이기 때문에 성과 수에 따라 какой / какая / какое / какие으로 형태가 변화합니다.

Какой это город? 이 도시는 어때요?   Он большой и красивый. 크고 아름다워요.

Какая это сумка? 이 가방은 어때요?   Она маленькая и лёгкая. 작고 가벼워요.

단어 большой 큰   красивый 아름다운

ⓒ быть 동사

быть[븨쩨]는 '～이다'라는 동사의 원형입니다. быть 동사는 '～이다' 외에 '있다'(존재), '～에게 ～ 가 있다'(소유)의 뜻이 있습니다. 현재시제 문장에서 быть 동사가 '～이다'라는 뜻으로 쓰일 때는 есть[예스쩨](быть 동사의 현재형)가 생략되지만, '존재'나 '소유'의 의미일 때는 생략되지 않습니다.

В номере есть утюг. 호텔방에 다리미가 있다.

На даче есть красивый сад. 다차에 아름다운 정원이 있다.

ⓓ 나에게 ～가 있어요(생격)

'나는 ～을 가지고 있다'라는 문장을 러시아어로는 '나에게 ～가 있다(есть)'라는 형식으로 말합니다. '～에게'는 '전치사 y[우] + 대상'의 형태로 쓰는데, 이때 전치사 y 뒤에는 '생격'의 형태가 옵니다. 러시 아어의 '생격'은 다양한 기능이 있는데, '소유 관계'의 표현은 그 중 하나입니다.

● 인칭대명사의 생격 변화

주격	생격	주격	생격
я 나	меня	мы 우리	нас
ты 너	тебя	вы 너희(당신)	вас
он,она,оно 그/그녀, 그(중성)	его, её, его	они 그들	их

* 3인칭의 경우 전치사 y 뒤에서 발음 편의상 н[엔]을 붙여 y него, неё, них[우 니보/니요/니흐]로 씁니다.

У меня есть собака. 나에게 개가 있다.　　У кого есть билет? 누구에게 표가 있나요?

У тебя есть брат? 너(에게) 남자 형제가 있니?　　У нас есть перерыв. 우리에게 쉬는 시간이 있어요.

● 명사의 생격 변화

자음으로 끝나는 남성 명사 : -a	-a로 끝나는 여성 명사 : -ы
брат → брата 남자 형제의	мама → мамы 엄마의
-ь, -й로 끝나는 남성 명사 : -я	-я로 끝나는 여성 명사 : -и
учитель → учителя 선생님의	няня → няни 보모의

У брата есть новая машина. 형에게 새 차가 있다.

У мамы есть хорошая подруга. 엄마에게 좋은 친구가 있다.

단어　утюг 다리미　дача 다차(러시아식 별장)　сад 정원　билет 표　перерыв 쉬는 시간

연습문제

1. 빈칸에 들어갈 수 <u>없는</u> 단어를 고르세요.

(1) Какой это _____ ?

① журнал   ② полотенце   ③ город   ④ номер

(2) Какая это _____ ?

① сумка   ② девушка   ③ сестра   ④ домашнее задание

(3) Какое это _____ ?

① вино   ② ноутбук   ③ окно   ④ молоко

(4) Это _____ дом.

① маленький   ② чистый   ③ большой   ④ красивая

(5) У _____ есть книга.

① меня   ② него   ③ ты   ④ вас

(6) У меня есть большой _____ .

① дом   ② номер   ③ комната   ④ чемодан

2. 괄호 안에 알맞은 단어를 고르세요.

(1) У него есть хорошая (машина, билет).

(2) Сеул – (хороший, красивая) город.

(3) У (мне, меня) есть хорошее хобби.

(4) У (кого, кто) есть вопросы?

(5) Антон очень (занят, занята).

단어 полотенце 수건   хобби 취미   вопросы 질문

3. 다음 문장을 러시아어로 쓰세요.

(1) 나에게 새 노트북이 있다. ➡ _____

(2) 모스크바는 아름다운 도시이다. ➡ _____

(3) 러시아는 큰 나라이다. ➡ _____

4. 다음을 해석하세요.

Это Москва́. Москва́ – о́чень краси́вый и большо́й го́род.

В Москве́ есть Большо́й теа́тр и Кра́сная пло́щадь.

Там есть ра́зные хоро́шие музе́и.

➡ _____

_____

5. 질문을 듣고 알맞은 답을 고르세요.

🎧 05-3

(1) _____ ?

① Да, мой сок вку́сный. ② Нет, у меня́ нет.

③ Да, о́чень вку́сный. ④ Где мой ко́фе?

(2) _____ ?

① Оно́ кра́сное. ② Она́ о́чень лёгкая.

③ Он – мой. ④ Нет, не о́чень нра́вится.

단어 страна 나라

형용사

большо́й – ма́ленький
큰 – 작은

хоро́ший – плохо́й
좋은 – 나쁜

дорого́й – дешёвый
비싼 – 싼

бы́стрый – ме́дленный
빠른 – 느린

тёплый – холо́дный
따뜻한 – 추운

све́тлый – тёмный
밝은 – 어두운

но́вый – ста́рый
새로운 – 오래된

высо́кий – ни́зкий
높은 – 낮은

бога́тый – бе́дный
부유한 – 가난한

горя́чий – холо́дный
뜨거운 – 차가운

дли́нный – коро́ткий
긴 – 짧은

чи́стый – гря́зный
깨끗한 – 지저분한

молодо́й – ста́рый
젊은 – 늙은

удо́бный – неудо́бный
편한 – 불편한

гро́мкий – ти́хий
시끄러운 – 조용한

лёгкий – тяжёлый
가벼운 – 무거운

명사

항상 단수로 쓰이는 명사			항상 복수로 쓰이는 명사		
ко́фе 커피	молоко́ 우유	са́хар 설탕	де́ньги 돈	очки́ 안경	брю́ки 바지
соль 소금	оде́жда 옷	о́бувь 신발	духи́ 향수	часы́ 시계	весы́ 저울
ме́бель 가구	здоро́вье 건강	любо́вь 사랑	но́жницы 가위	кани́кулы 방학	
дру́жба 우정	кафе́ 카페	метро́ 지하철	ша́хматы 서양 장기		
кино́ 영화	ра́дио 라디오				

연습문제 정답

1.

(1) 이 _____는 어때요? (3인칭 남성 단수)

　① 잡지　② 수건(중성)　③ 도시　④ 객실

(2) 이 _____는 어때요? (3인칭 여성 단수)

　① 핸드백　　　　② 아가씨
　③ 여자 형제　　　④ 과자(중성)

(3) 이 _____는 어때요? (3인칭 중성 단수)

　① 와인　　　　　② 노트북(남성)
　③ 창문　　　　　④ 우유

(4) 이것은 _____ 집입니다. ('집'은 여성)

　① 작은　　　　　② 깨끗한
　③ 큰　　　　　　④ 아름다운(여성)

(5) _____에게 책이 있습니다. (у + 생격)

　① 나에게　　　　② 그에게
　③ 너는(주격)　　　④ 너희에게

(6) 나에게 큰 _____이(가) 있습니다.

　(형용사와 격 일치, 남성 명사)

　① 집　② 객실　③ 방　④ 여행 가방

2.

(1) 그에게 좋은 차가 있습니다. (машина)

(2) 서울은 좋은 도시입니다. (хороший)

(3) 나에게 좋은 취미가 있습니다. (меня)

(4) 누구에게 질문이 있습니까? (질문 있는 사람?) (кого)

(5) 안톤은 매우 바쁘다. (занят)

3.

(1) У меня новый ноутбук.

(2) Москва – красивый город.

(3) Россия – большая страна.

4.

이것은 모스크바입니다. 모스크바는 아주 아름답고 큰 도시입니다. 모스크바에는 볼쇼이 극장과 붉은 광장이 있습니다. 그곳에는 여러 좋은 미술관도 있습니다.

5. [MP3 **05–3**]

(1) Ваш кофе вкусный?

　당신의 커피는 맛이 있나요?

(2) Какая это сумка?

　이 핸드백은 어떤가요?

(1)　① 네, 나의 주스는 맛있어요.
　　② 아니요, 나에게 없습니다.
　　③ 네, 아주 맛있어요.
　　④ 내 커피가 어디에 있나요?

(2)　① 그것은 붉은색이에요.
　　② 그것은 아주 가벼워요.
　　③ 그것은 나의 것이에요.
　　④ 아니요, 마음에 들지 않아요.

Я читаю газету.

나는 신문을 읽습니다.

주요 문법

- 대격 • ~어(언어)로 말하다

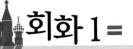

회화 1

녹음 파일을 들으며 큰 소리로 따라 읽어 보세요.

А́нна	Минсу, что Вы де́лаете?
	민수 쉬또 브 젤라예쩨
Минсу	Я чита́ю газе́ту.
	야 취따유 가제뚜
А́нна	Вы люби́те чита́ть газе́ты?
	브 류비쩨 취따찌 가제띄
Минсу	Да, я люблю́ чита́ть газе́ты и журна́лы. А Вы?
	다 야 류블류 취따찌 가제띄 이 쥬르날리 아 브
А́нна	Я люблю́ гото́вить.
	야 류블류 가또비찌
Минсу	Обы́чно что вы гото́вите?
	아븨최노 쉬또 브 가또비쩨
А́нна	Я обы́чно гото́влю коре́йскую еду́.
	야 아븨최노 가또블류 까레이스꾸유 이두
Минсу	Как интере́сно!①
	깍 인쩨레스나

🗨 **해석**

안나: 민수 씨, 무엇을 하세요?
민수: 저는 신문을 읽고 있어요.
안나: 신문 읽는 거 좋아하세요?
민수: 네, 신문이나 잡지 읽는 것을 좋아해요. 안나 씨는요?
안나: 저는 요리하는 것을 좋아해요.
민수: 어떤 요리를 만드세요?
안나: 보통 저는 한국 음식을 만들어요.
민수: 흥미롭군요.

① 'как + 부사'는 감탄 표현입니다. Как хорошо! 이렇게 좋을 수가!

□ чита́ть 읽다
□ чита́ть газе́ты 신문을 읽다
□ чита́ть журна́л 잡지를 읽다
□ гото́вить 요리하다
□ обы́чно 보통
□ еда́ 음식
□ как интере́сно! 흥미로워요!

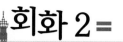

🎧 06-2

Па́вел	Ми́на, что ты де́лаешь?
	미나 쉬또 띄 젤라예쉬

Ми́на	Я слу́шаю му́зыку.
	야 슬루샤유 무지꾸

Па́вел	Каку́ю му́зыку ты слу́шаешь?
	까꾸유 무지꾸 띄 슬루샤예쉬

Ми́на	Я слу́шаю коре́йскую поп-му́зыку.
	야 슬루샤유 까레이스꾸유 뽑 무지꾸

Па́вел	Я то́же зна́ю одну́① коре́йскую пе́сню.
	야 또줴 즈나유 아드누 까레이스꾸유 뻬스뉴

Ми́на	Пра́вда? Ты понима́ешь по-коре́йски?
	쁘라브다 띄 빠니마예쉬 빠 까레이스끼

Па́вел	Коне́чно. Я говорю́ по-коре́йски.
	까네슈나 야 가바류 빠 까레이스끼

Ми́на	Прекра́сно!
	쁘레끄라스너

🗨 해석

파벨: 미나 뭐 하고 있어?
미나: 음악을 듣고 있어.
파벨: 어떤 음악을 듣고 있어?
미나: 한국 가요를 듣고 있어.
파벨: 나도 한국 노래 한 곡을 알아.
미나: 그래? 한국어를 이해하는 거야?
파벨: 그럼. 나 한국어로 말하기도 해.
미나: 정말 대단하다.

① одну는 수사 один(하나, 한 개의)의 여성형 одна의 대격형입니다.

☐ слу́шать му́зыку 음악을 듣다
☐ коре́йская поп-му́зыка 한국 가요
☐ пе́сня 노래
☐ коне́чно 당연하지
☐ говори́ть 말하다
☐ по-коре́йски 한국어로
☐ понима́ть 이해하다
☐ прекра́сно 대단하다

문법

Ⓐ 대격

러시아어는 '주어 – 동사 – 목적어'의 어순을 기본으로 합니다. 이때 목적어 자리에 오는 명사는 목적격 형태로 바꿔줘야 하는데, 이를 러시아어에서는 '대격'이라고 합니다. 대격은 '동사의 대상이 되는 격'을 의미합니다.

● 명사가 무생물일 때 남성과 중성은 형태가 변하지 않으며, 여성은 다음과 같이 어미가 변화합니다.

의문사	남성(불변)	중성(불변)	여성 (-а → -у, -я → -ю)
что → что 무엇　무엇을	стол → стол 책상　책상을 день → день 낮　낮을 музей → музей 미술관　미술관을	окно → окно 창문　창문을 море → море 바다　바다를 здание → здание 건물　건물을	газета → газету 신문　신문을 линия → линию 선　선을 ночь → ночь 밤　밤을 (-ь로 끝나는 여성 명사는 불변)

Я читаю книгу. 나는 책을 읽는다.

Я слушаю музыку. 나는 음악을 듣는다.

Я смотрю спектакль. 나는 연극을 본다.

● 명사가 생물(사람, 동물)일 때 남성은 생격과 동일한 형태로 변화하며 여성은 위의 무생물일 때와 동일하게 변화합니다. 생격은 p.79

의문사	남성 (생격과 동일)	여성 (-а → -у, -я → -ю)
кто → кого 누구　누구를	брат → брата 형　형을 учитель → учителя 선생님　선생님을 Сергей → Сергея 세르게이　세르게이를	мама → маму 엄마　엄마를 тётя → тётю 이모　이모를

＊ 인칭대명사의 대격은 생격과 동일하게 변화합니다. p.79 인칭대명사 생격 변화 참고

Я внимательно слушаю учителя. 나는 선생님 말씀을 주의깊게 듣는다.

Я люблю Сергея. 나는 세르게이를 사랑한다.

〈목적어가 필요한 동사〉

читать 읽다	изучать 공부하다	писать 쓰다
готовить 요리하다	решать 결정하다	покупать 사다
любить 사랑하다	ненавидеть 싫어하다	учить 가르치다
уважать 존경하다	ждать 기다리다	благодарить 감사하다

Антон читает журнал. 안톤은 잡지를 읽는다.

Я изучаю математику. 나는 수학을 공부한다.

Они пишут письмо. 그들은 편지를 쓴다.

Мама готовит суп. 엄마는 수프를 요리한다.

Девушка покупает цветы. 아가씨가 꽃을 산다.

Моя мама любит меня. 나의 엄마는 나를 사랑한다.

※ любить + 동사 원형 : ~하기를 좋아하다

Муж любит играть в футбол. 남편은 축구 하기를 좋아한다.

Мой брат любит смотреть блокбастеры. 내 남동생은 블록버스터 영화 보는 것을 좋아한다.

Ⓑ ~어(언어)로 말하다

'~어(언어)로 말하다'라고 할 때, '~어(언어)로'의 표현은 'по- + 언어명'의 형식을 취합니다. 다음 동사들 뒤에는 모두 이런 형식의 부사구가 올 수 있습니다.

говори́ть 말하다 писа́ть 쓰다 чита́ть 읽다 понима́ть 이해하다	по-коре́йски 한국어로 по-ру́сски 러시아어로 по-англи́йски 영어로 по-испа́нски 스페인어로 по-кита́йски 중국어로

+

Антон говорит по-корейски. 안톤은 한국어로 말한다.

Они читают по-испански. 그들은 스페인어로 읽는다.

Вы понимаете по-китайски? 당신은 중국어로 이해합니까?

단어 математика 수학 суп 수프(국) цветы 꽃 муж 남편 играть в футбол 축구하다 блокбастеры 블록버스터

연습문제

1. 빈칸에 들어갈 수 <u>없는</u> 단어를 고르세요.

(1) Это Анна. Я люблю _____.

① её   ② Анну   ③ его   ④ эту девушку

(2) Антон говорит по- _____.

① русски   ② английски   ③ корейски   ④ китайский язык

(3) Это интересная книга. Я читаю _____.

① книгу   ② эту книгу   ③ его   ④ её

2. 빈칸에 알맞은 단어를 고르세요.

(1) Антон _____ по-английски.

① говорим   ② говорит   ③ говорите   ④ говорил

(2) Я _____ тебя.

① любят   ② любила   ③ люблю   ④ любит

(3) Что ты _____?

① делаешь   ② делаю   ③ делаете   ④ делала

3. 괄호 안에 알맞은 단어를 고르세요.

(1) Антон и Анна (говорит, говорят) по-японски.

(2) Фёдор любит эту красивую (девушку, мальчика)

(3) Мы (изучаем, изучает) историю.

단어   язык 언어   девушка 아가씨   мальчик 소년   история 역사

4. 다음 문장을 러시아어로 쓰세요.

(1) 세르게이는 소피아를 사랑합니다.　➡ ＿＿＿＿＿＿＿＿＿＿＿＿＿

(2) 나는 편지를 읽는다.　➡ ＿＿＿＿＿＿＿＿＿＿＿＿＿

(3) 그들은 신문 읽기를 좋아한다.　➡ ＿＿＿＿＿＿＿＿＿＿＿＿＿

5. 다음을 해석하세요.

Привет, Я – Антон. Я – русский. Я говорю по-русски. Я люблю слушать музыку и читать книги. Я готовлю испанскую еду. Я играю в компьютерные игры.

* испанская еда 스페인 음식　　играть в компьютерные игры 컴퓨터 게임을 하다

➡ ＿＿＿＿＿＿＿＿＿＿＿＿＿＿＿＿＿＿＿＿＿＿＿

＿＿＿＿＿＿＿＿＿＿＿＿＿＿＿＿＿＿＿＿＿＿＿

6. 질문을 듣고 알맞은 답을 고르세요.

🎧 06-3

(1) ＿＿＿＿＿＿＿＿＿＿＿＿＿＿＿＿ ?

　① отца　　　② книгу　　　③ дом　　　④ журнал

(2) ＿＿＿＿＿＿＿＿＿＿＿＿＿＿＿＿ ?

　① Да, Фёдор говорит по-русски.

　② Нет, он не говорит по-русски.

　③ Нет, он не говорит по-китайски.

　④ Да, он говорит по-корейски.

단어　газета 신문

 # 추가 어휘

국가, 국적, 언어

국가	국적(남성 – 여성)	언어	○○어로, ○○식으로
Коре́я 한국	коре́ец – коре́янка	коре́йский язы́к	по-коре́йски
Росси́я 러시아	ру́сский – ру́сская	ру́сский язы́к	по-ру́сски
Япо́ния 일본	япо́нец – япо́нка	япо́нский язы́к	по-япо́нски
Аме́рика 미국	америка́нец – америка́нка	англи́йский язы́к	по-англи́йски
А́нглия 영국	англича́нин – англича́нка	англи́йский язы́к	по-англи́йски
Кита́й 중국	кита́ец – китая́нка	кита́йский язы́к	по-кита́йски
Фра́нция 프랑스	францу́з – францу́женка	францу́зский язы́к	по-францу́зски
Герма́ния 독일	не́мец – не́мка	неме́цкий язы́к	по-неме́цки
Испа́ния 스페인	испа́нец – испа́нка	испа́нский язы́к	по-испа́нски

주의! '○○어로'의 'по+언어명' 표현에서, 언어명은 국가 형용사 끝의 й가 빠진 형태입니다.

(коре́йский 한국의 по-коре́йски 한국어로)

참고 россия́нин - россия́нка : 러시아 국적을 가진 남성 – 여성

러시아는 다민족 국가이기 때문에, 민족은 다르나 러시아 국적을 가진 사람들이 매우 많습니다. 그런 사람들은 россия́нин - россия́нка이라고 합니다.

목적어가 필요한 동사

стро́ить 짓다	ви́деть 보다
убира́ть 청소하다	по́мнить 기억하다
брать 집다	поздравля́ть 축하하다
чу́вствовать 느끼다	встреча́ть 만나다

연습문제 정답

1.

(1) 이 사람은 안나입니다. 나는 _____를 사랑합니다.

① 그녀를　　　　　② 안나를

③ 그를　　　　　　④ 이 아가씨를

(2) 안톤은 _____어로 말합니다.

① 러시아어　② 영어　③ 한국어　④ 중국어를

(3) 이것은 재미있는 책입니다. 나는 _____를 읽습니다.

① 책을　　　　　　② 이 책을

③ 그것을(3인칭 남성)　④ 그것을(3인칭 여성)

2.

(1) 안톤은 영어로 말해요.

① говорим (1인칭 복수)

② говорит (3인칭 단수)

③ говорите (2인칭 복수)

④ говорил (단수 남성형 과거형)

(2) 나는 너를 사랑해.

① любят (3인칭 복수)

② любила (단수 여성형 과거)

③ люблю (1인칭 단수)

④ любит (3인칭 단수)

(3) 너는 무엇을 하고 있니?

① делаешь (2인칭 단수)

② делаю (1인칭 단수)

③ делаете (2인칭 복수)

④ далала (단수 여성 과거형)

3.

(1) 안톤과 안나는 일본어로 말해요. (говорят)

(2) 표도르는 이 아름다운 아가씨를 사랑해요. (девушку)

(3) 우리는 역사를 공부해요. (изучаем)

4.

(1) Сергей любит Софию.

(2) Я читаю письмо.

(3) Они любят читать газету.

5.

안녕, 나는 안톤이야. 나는 러시아인이야. 나는 러시아어로 말해. 나는 음악을 듣는 것과 책 읽는 것을 좋아해. 나는 스페인 요리를 해. 나는 컴퓨터 게임도 해.

6. [MP3 06-3]

(1) Кого она любит? 그녀는 누구를 사랑하나요?

(2) Фёдор говорит по-китайски?
표도르는 중국어로 말하나요?

(1) ① 아빠를　② 책을　③ 집을　④ 잡지를

(2) ① 네, 표도르는 러시아어로 말해요.

② 아니요, 표도르는 러시아어로 말하지 않아요.

③ 아니요, 표도르는 중국어로 말하지 않아요.

④ 네, 표도르는 한국어로 말해요.

Я хочу жить в Москве.

나는 모스크바에서 살고 싶어요.

주요 문법

● 전치격 ● '원하다' 동사

🎧 07-1

Áнна	Алло́, Минсу, где́ Вы?
	알로　　민수　　그제　비
Минсу	Áнна, я в гости́нице.
	안나　　야 브 가스찌니쩨
Áнна	В но́мере?
	브 노메례
Минсу	Нет, не в но́мере. В рестора́не.
	녤　니 브 노메례　　브 리스따라녜
Áнна	Вы на у́жине! Прия́тного аппети́та!
	비　나 우쥐녜　　쁘리야뜨너버　　아뼤찌따
Минсу	Спаси́бо.
	스빠씨바

💬 **해석**

안나: 여보세요? 민수 씨, 어디에 계세요?

민수: 안나 씨, 저는 호텔에 있습니다.

안나: 방에 계세요?

민수: 아니요, 방에 있지 않아요. 식당에 있어요.

안나: 저녁식사 중이시군요. 맛있게 드세요.

민수: 고맙습니다.

☐ гости́ница 호텔
☐ в гости́нице 호텔에
☐ но́мер 객실

☐ в но́мере 객실에
☐ рестора́н 식당
☐ в рестора́не 식당에

☐ Прия́тного аппети́та
　맛있게 드세요

회화 2

녹음 파일을 들으며 큰 소리로 따라 읽어 보세요.

Фёдор	**О чём ты ду́маешь, Ми́на?** 아 춈 띄 두마예쉬 미나
Ми́на	**Я ду́маю о Москве́.** 야 두마유 아 마스크볘
Фёдор	**О Москве́?** 아 마스크볘
Ми́на	**Да, я хочу́ жить в Москве́.** 다 야 하츄 쥐찌 브 마스크볘
Фёдор	**Э́то большо́й и краси́вый го́род.** 에따 발쇼이 이 끄라씨브이 고라트
Ми́на	**Где́ ты хо́чешь жить?** 그제 띄 호체쉬 쥐찌
Фёдор	**Я люблю́ Сеу́л и хочу́ жить в Сеу́ле.** 야 류블류 씨울 이 하츄 쥐찌 프 씨울례
Ми́на	**Хоро́шая иде́я!** 하로샤야 이제야

💬 **해석**

표도르: 미나야, 무슨 생각해?
미나: 나는 모스크바에 대해 생각하고 있어.
표도르: 모스크바에 대해?
미나: 응, 나는 모스크바에서 살고 싶어.
표도르: 그것(모스크바)은 크고 아름다운 도시이지.
미나: 너는 어디에서 살고 싶어?
표도르: 나는 서울이 좋아. 서울에서 살고 싶어.
미나: 좋은 생각이야.

□ ду́мать 생각하다 □ хоте́ть 원하다 □ иде́я 생각, 아이디어
□ о + 전치격 ~에 대하여 □ жить 살다

 **문법**

Ⓐ 전치격

러시아어의 전치격은 보통 ① '어디에'(장소 표현) ② '~에 관하여'라는 질문에 답할 수 있는 격입니다. 전치격은 반드시 전치사와 함께 씁니다. 의문사 **что**는 **чём**[춈]으로 변화합니다.

※ 명사의 전치격 변화

명사의 성과 상관없이 어미가 -e로 변화합니다. -e로 끝나는 단어는 그대로, -ия로 끝나는 여성 명사, -ие로 끝나는 중성 명사는 -ия, -ие이 -ии로 변합니다.

	-e	-ии
전치사 о, на, в 뒤	• 대부분의 남성, 중성, 여성 명사 стол 책상 → столе море 바다 → море улица 거리 → улице тётя 이모 → тёте	• -ия로 끝나는 여성 명사 • -ие로 끝나는 중성 명사 лекция 강의 → лекции здание 건물 → здании

예외 метро '지하철', кино '영화(관)' казино '카지노', кафе '카페'는 어미가 변하지 않습니다.

※ 인칭대명사의 전치격

	단수	복수
1인칭	обо мне	о нас
2인칭	о тебе	о вас
3인칭	о нём / о ней	о них

* 전치사 о는 1인칭 мне 앞에서 발음 편의상 обо로 형태가 바뀝니다. обо мне[아바므녜] 나에 대해

(1) 전치사 о : ~에 관하여

※ 전치사 о와 함께 쓰는 동사

говорить 말하다	думать 생각하다	мечтать 꿈꾸다, 희망하다

Мой друг часто говорит обо мне. 내 친구는 나에 대해 자주 말한다.

Я говорю о себе*. 나는 내 자신 관해 말하고 있다.

Мы думаем о спектакле. 우리는 연극에 대해 생각하고 있다.

Мальчик мечтает о космосе. 소년은 우주에 대해 꿈꾼다.

* 내가 내 자신에 관해 말할 때는 обо мне가 아니라 о себе[아 씨볘]라고 말합니다.

단어 спектакль 연극   космос 우주   себя 나 자신

(2) 장소 전치사 в, на

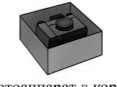

фотоаппарат в коробке

상자 안에 있는 사진기

фотоаппарат на коробке

상자 위에 있는 사진기

в는 '~안에', на는 '~위에'라는 기본적인 의미가 있지만, 이 외에 в Евро́пе '유럽에', на о́строве '섬에'와 같이 뒤에 오는 장소에 따라 전치사가 결정되는 경우가 많기 때문에 명사와 함께 묶어서 암기하는 게 좋습니다. p.102 참고

※ 전치사 в, на와 함께 쓰는 동사

| жить 살다 | работать 일하다 | быть 있다 | играть 놀다 |

A: Анна, где ты живёшь? 안나야, 넌 어디에서 사니?

B: Я живу в деревне. 나는 시골에서 살아.

A: Где дети играют? 아이들이 어디에서 놀고 있나요?

B: Они играют на площадке. 그들은 놀이터에서 놀고 있어요.

Ⓑ '원하다' 동사

хотеть(원하다) 동사는 단수는 1형식으로 복수는 2형식으로 변하는 혼합형 동사입니다.

	단수	복수
1인칭	хочу́	хоти́м
2인칭	хо́чешь	хоти́те
3인칭	хо́чет	хотя́т

● ～을 원하다 (хотеть + 명사)

A: Что ты хочешь? 너는 무엇을 원하니?　　B: Я хочу мороженое. 나는 아이스크림을 원해요.

● ～하기를 원하다 (хотеть + 동사 원형)

A: Что вы хотите делать? 당신은 무엇을 하고 싶으세요?

B: Я хочу отдыхать на море. 나는 바다에서 쉬고 싶어요.

단어 коробка 상자　Европа 유럽　остров 섬

연습문제

1. 다음 빈칸에 알맞은 단어를 〈보기〉에서 골라 쓰세요.

| 보기 |　　Москве　　　город　　　живу　　　чистая　　　на　　　люблю

Это Москва. Москва – большой и красивый _____ . Я сейчас работаю в _____ . Я _____ не в гостинице, а в квартире. Она небольшая, но _____ и тихая. Моя квартира на Улице Арбат. _____ Арбате есть мой любимый ресторан. Там есть хорошее пиво. Я _____ пиво.

* Улица Арбат 아르바트 거리(모스크바 시내에 있는, 관광객이 많이 찾는 거리)

2. 윗글을 읽고, 다음 질문에 답하세요.

(1) Где я работаю?

　① в Корее　　　　② в США

　③ в Лондоне　　　④ в Москве

(2) Где я живу?

　① в гостинице　　② в ресторане

　③ в квартире　　　④ на море

(3) Какая это квартира?

　① большая　　　② тихая

　③ грязная　　　　④ шумная

(4) Где моя квартира?

　① на улице Ленина　② в Сочи

　③ на юге　　　　④ на Арбате

단어　небольшой 크지 않은　любимый 좋아하는　Лондон 런던　шумный 시끄러운　Улица Ленина 레닌 거리　Сочи 소치

3. 괄호 안에 알맞은 단어를 고르세요.

(1) Я (живу, живут) в Сеуле.

(2) Антон (люблю, любит) чёрный кофе.

(3) Что (он, ты) хочешь делать?

(4) Он хочет (готовить, готовит).

4. 다음 문장을 해석하세요.

(1) Я хочу говорить по-китайски.

➡ _____

(2) Я не хочу работать дома.

➡ _____

5. 질문을 듣고 알맞은 답을 고르세요.

🎧 07-3

(1) _____ ?

① Да, я живу в Сеуле.　　② Нет, я не хочу жить в Европе.

③ Я хочу жить в Москве.　　④ Не знаю, где он живёт.

(2) _____ ?

① Чёрный кофе, пожалуйста.　　② Ничего.

③ Анна хочет сладкий сок.　　④ Что у тебя есть?

전치사 в, на + 명사

🎧 07-4

в	на
나라, 도시, 대륙 등	**섬, 반도, 강, 호수, 바다, 산 등**
в Áфрике 아프리카에 в Евро́пе 유럽에	на о́строве 섬에 на полуо́строве 반도에
в Аме́рике 미대륙에 в регио́не 지역에	на мо́ре* 바다에 на реке́* 강에
в стране́ 나라에 в го́роде 도시에	на Байка́ле 바이칼호에 на Ура́ле 우랄산맥에
기관이나 시설 등	**단순 장소가 아닌 과정이 있는 행사 등**
в университе́те 대학에 в рестора́не 식당에	на уро́ке 수업에 на рабо́те 직장에서
в кафе́ 카페에 в шко́ле 학교에	на обе́де 점심식사에 на прогу́лке 산책 중에
в о́фисе 사무실에 в кинотеа́тре 영화관에	на о́пере 오페라에서 на вы́ставке 전시회에서
в магази́не 상점에 в оте́ле 호텔에	
в клу́бе 클럽에 в музе́е 미술관에	
사회 집단 및 모임 등	**방향**
в семье́ 가족에 в кла́ссе 학급(교실)에	на се́вере 북쪽에 на ю́ге 남쪽에
в гру́ппе 모임에서 в ча́те 채팅에서	на за́паде 서쪽에 на восто́ке 동쪽에
в интерне́те 인터넷에서	
실내에	**지면, 표면, 바닥 등**
в до́ме** 건물 내에 в кварти́ре 아파트에서	на этаже́ 계단에서 на земле́ 땅에서
в самолёте 기내에서	на у́лице 거리에서 на проспе́кте 대로에서
	на столе́ 책상 위에 на пля́же 해변에서

* 바다나 강의 안(속)에서 일어나는 일에 대해 말할 때는 в мо́ре, в реке́를 씁니다.

   Ры́бы живу́т в мо́ре. 물고기는 바닷속에서 산다.

** до́ма *vs.* в до́ме

   Я до́ма. 나는 집에 있다. (이때의 дом은 home의 의미로 '가정', '나의 집'을 의미)

   Áня живёт в до́ме но́мер 10. 아냐는 10번 건물에 산다. (이때의 дом은 house의 의미로 '건물', '주택'을 의미)

※ 다음을 주의하세요.

B 뒤에서 전치격의 형태가 달라지는 경우	의미상 B일 것 같지만 на를 쓰는 경우
в лесу́ 숲에서 в саду́ 정원에서	на фа́брике 공장에서 на по́чте 우체국에서
в порту́ 항구에서 в углу́ 구석에서	на вокза́ле 기차역에서 на остано́вке 정거장에서
в шкафу́ 장롱에서 в аэропорту́ 공항에서	на стадио́не 경기장에서

연습문제 정답

1.

> Это Москва. Москва – большой и красивый город. Я сейчас работаю в Москве. Я живу не в гостинице, а в квартире. Она небольшая, но чистая и тихая. Моя квартира на Улице Арбат. На Арбате есть мой любимый ресторан. Там есть хорошее пиво. Я люблю пиво.
>
> 이것은 모스크바이다. 모스크바는 크고 아름다운 도시이다. 나는 지금 모스크바에서 일한다. 나는 호텔이 아닌 아파트에서 산다. 아파트는 크지는 않지만 깨끗하고 조용하다. 내 아파트는 아르바트 거리에 있다. 아르바트에는 내가 좋아하는 식당이 있다. 거기에는 좋은 맥주가 있다. 나는 맥주를 좋아한다.

2.

(1) 나는 어디서 일하나요?

① 한국에서　　② 미국에서

③ 런던에서　　④ 모스크바에서

(2) 나는 어디에서 사나요?

① 호텔에서　　② 식당에서

③ 아파트에서　　④ 바다에서

(3) 이 아파트는 어떤가요?

① 크다　　② 조용하다

③ 더럽다　　④ 시끄럽다

(4) 내 아파트는 어디에 있나요?

① 레닌 거리에　② 소치에

③ 남쪽에　　④ 아르바트에

3.

(1) 나는 서울에 살고 있다. (живу)

(2) 안톤은 흑해를 좋아한다. (любит)

(3) 너는 무엇을 하고 싶니? (ты)

(4) 그는 요리를 하고 싶다. (готовить)

4.

(1) 나는 중국어로 말하고 싶다.

(2) 나는 집에서 일하고 싶지 않다.

5. [MP3 **07-3**]

(1) **Где ты хочешь жить?**
너는 어디서 살고 싶니?

(2) **Антон, что ты хочешь, чай или кофе?** 안톤 너 차나 커피 중 무엇을 원하니?

(1) ① 응, 나는 서울에 살고 있어.

② 아니, 나는 유럽에서 살고 싶지 않아.

③ 나는 모스크바에서 살고 싶어.

④ 그가 어디에 사는지 나도 몰라.

(2) ① 블랙 커피를 원해요.

② 괜찮아.

③ 안나는 달콤한 주스를 원해요.

④ 너에게 무엇이 있니?

Где ты был вчера?

너 어제 어디에 있었어?

주요 문법

● 과거시제 ● 생격(2) ● 생격 활용

회화 1 =

녹음 파일을 들으며 큰 소리로 따라 읽어 보세요.

🎧 08-1

Áнна
Минсу, что Вы де́лали вчера́ ве́чером①?
민수　쉬또 브 젤랄리 프체라 베체롬

Минсу
Я смотре́л центр го́рода.
야 스마뜨렐 쩬뜨르 고러다

Áнна
Где́ Вы бы́ли в це́нтре го́рода?
그제 브 빌리 브 쩬뜨례 고러다

Минсу
Я был на Арба́те.
야 빌 나 아르바쩨

Там мно́го сувени́ров в магази́нах на Арба́те.
땀 므노가 쑤비니로프 브 마가지나흐 나 아르바쩨

Áнна
Я́сно, что Вы купи́ли?
야스나 쉬또 브 꾸삘리

Минсу
Я купи́л матрёшки②.
야 꾸필 마뜨료슈끼

Áнна
Они́ не дороги́е?
아니 니 다라기예

Минсу
Да, но о́чень ка́чественные.
다 노 오친 까체스트벤늬예

📣 해석

안나: 민수 씨, 어제 저녁에 뭐 하셨어요?
민수: 저는 어제 시내 구경을 했어요.
안나: 시내 어디에 계셨어요?
민수: 아르바트 거리에 있었어요. 기념품 가게가 많더라고요.
안나: 그러셨군요. 무엇을 사셨어요?
민수: 네, 마트료시카를 샀어요.
안나: 비싸지 않아요?
민수: 네, 하지만 품질이 좋아요.

① '저녁'은 вечер, '저녁에'는 조격 형태로 ве́чером　조격은 p.166 참고
② 마트료시카(матрёшка)는 러시아 민속공예품으로 목각인형 안에 같은 모양의 인형이 크기 순으로 3~5개 정도 들어있습니다.

☐ вчера́ ве́чером 어제 저녁에　　☐ в це́нтре го́рода 시내에　　☐ дорого́й 비싼
☐ центр го́рода 시내　　☐ купи́ть 사다　　☐ ка́чественный 질이 좋은

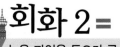

회화 2

녹음 파일을 들으며 큰 소리로 따라 읽어 보세요.

🎧 08-2

Ми́на
Фёдор, что ты вчера́ де́лал?
표도르   쉬또 띄 프체라 젤랄

Я звони́ла, но тебя́① не́ было до́ма.
야 즈바닐라   노 찌뱌   녜 빌라 도마

Фёдор
Да, меня́① не́ было до́ма. Я был на конце́рте.
다 미냐   녜 빌라 도마   야 빌 나 깐쩨르쩨

Ми́на
Ты был на конце́рте? Ух ты!②
띄 빌 나 깐쩨르쩨   우흐 띄

Фёдор
Да, у моего́ дру́га бы́ли биле́ты.
다 우 마예보 드루가 빌리 빌례띄

Ми́на
Он пригласи́л тебя́ на конце́рт?
온 쁘리글라씰 찌뱌 나 깐쩨르뜨

Фёдор
Да, э́то бы́ло замеча́тельно.
다 에따 빌라 자미차쩰너

Там бы́ло мно́го люде́й.
땀 빌라 므노가 류제이

Ми́на
Как прекра́сно!
깍 쁘리끄라쓰너

📋 해석

미나: 표도르 어제 뭐 했어?
전화했는데 집에 없더라.
표도르: 응. 집에 없었어.
어제 음악회에 다녀왔거든.
미나: 음악회에 다녀왔어?
오호!
표도르: 응, 내 친구한테 표가
있었어.
미나: 그 친구가 널 초대한 거야?
표도르: 응, 정말 멋졌어.
거기에 사람도 많더라.
미나: 대단해!

① 생격 형태로 '없다'의 개념, 즉 есть와 반대일 때, 없는 존재도 생격으로 변화합니다. ты → тебя́, я → меня́   p.109, 192 참고
② Ух ты!는 대화할 때 자주 쓰는 "오호!", "어머!"의 표현입니다.

□ звони́ть 전화하다　　　□ пригласи́ть 초대하다　　　□ мно́го люде́й 사람이 많은
□ концерт 음악회　　　　　□ замеча́тельно 멋지다　　　□ как прекра́сно 대단해(좋아)

 **문법**

A 과거시제

러시아어 동사의 과거형은 동사의 원형에서 어미 -ть를 떼고 과거형 어미(-л, -ла, -ло, -ли)를 붙여 나타냅니다. 동사의 과거형 어미는 인칭에 관계 없이 주어의 성과 수에 따라 변합니다.

	단수			복수
	남성	여성	중성	
과거형 어미	-л	-ла	-ло	-ли
быть 이다	был	была́	бы́ло	бы́ли
знать 알다	знал	знала	знало	знали
говорить 말하다	говорил	говорила	говорило	говорили

быть(이다) 동사는 현재시제에서는 생략되지만 과거시제에서는 생략되지 않고 주어의 성과 수에 맞춰 씁니다.

A: Где ты был? 너 어디 있었어?

B: Я был на работе. 나는 직장에 있었어.

A: Что делала Анна? 안나는 무엇을 했나요?

B: Она читала книгу. 그녀는 책을 읽었습니다.

A: Вы знали его планы? 너희는 그의 계획을 알고 있었니?

B: Да, мы знали его планы. 네. 우리는 그의 계획을 알고 있었습니다.

У меня была серьёзная проблема. 나에게 심각한 문제가 있었다.

Раньше здесь был хороший ресторан. 예전에 여기에 좋은 식당이 있었다.

※ 과거를 나타내는 부사

вчера 어제	позавчера 그제	раньше 예전에	давно 오래 전에

Вчера Анна была на даче. 어제 안나는 다차에 있었다.

Мы раньше работали вместе. 우리는 예전에 함께 일했다.

단어 читать 읽다 план(ы) 계획 серьезный 심각한 проблема 문제

Ⓑ 생격(2)

앞에서 배운 소유 표현 외에 '학교(의) 건물', '러시아의 수도' 같이 '~의'에 해당하는 의미를 나타내는 것도 생격입니다. 이때 '~의'에 해당하는 생격은 꾸밈을 받는 명사 뒤에 씁니다.

Это здание школы. 이것은 학교(의) 건물이다.

Москва – столица России. 모스크바는 러시아의 수도이다.

Сегодня – мой день рождения. 오늘은 나의 생일(탄생의 날)이다.

● 소유대명사의 생격

남성, 중성	생격	여성	생격	복수	생격
чей, чьё 누구의	чьего	чья	чьей	чьи	чьих
мой, моё 나의	моего	моя	моей	мои	моих
твой, твоё 너의	твоего	твоя	твоей	твои	твоих
наш, наше 우리의	нашего	наша	нашей	наши	наших
ваш, ваше 너희의	вашего	ваша	вашей	ваши	ваших
свой, своё 자신의	своего	своя	своей	свои	своих

＊ 3인칭 소유대명사(его, её, их)는 변화하지 않습니다.

У моего соседа есть собака. 나의 이웃에게 반려견이 있다. (＊ 전치사 y 뒤에 생격)

Это часы моей сестры. 이것은 내 여동생의 시계이다.

다음은 생격을 사용한 다양한 질문과 답변입니다. 질문은 모두 '~에게 ○○이 있다'의 표현을 사용했지만 질문의 핵심이 어디에 있느냐에 따라 대답의 형태가 달라집니다.

У кого есть документ? 누구에게 서류가 있나요?

У Андрея. 안드레이에게 있어요.

Что у Вас есть? 당신에게 무엇이 있나요?

У меня есть пальто и сумка . 나에게 외투와 가방이 있어요.

У них есть билет? 그들에게 표가 있나요?

Да, у них есть билет. 네, 그들에게 표가 있습니다.

● 명사의 복수 생격

명사의 복수 생격 어미는 다양합니다. 일반적으로 자음으로 끝나는 남성 명사는 단수형에 -ов/-ев, -ей를 붙이고, 중성·여성 명사는 대부분 어미가 축약되거나 생략됩니다. 단, 일부 명사는 어미에 따라 -ей, -ок/-ек가 오기도 합니다.

-ов, -ев	• 자음(з/с, д/т, л, р, б/п, в/ф, к, м, н, г)으로 끝나는 남성 명사 дом → домо́в 집 　　　　　офис → офисов 사무실 компьютер → компьютеров 컴퓨터 　сотрудник → сотрудников 동료 кризис → кризисов 위기 • -й로 끝나는 남성 명사 (й 탈락) музей → музеев 미술관 • -о로 끝나는 여성 명사 о́блако → облако́в 구름
-ей	• -ш, -щ, -ч, -ж, -ь로 끝나는 남성 명사 врач → враче́й 의사　　　плащ → плаще́й 망토 нож → ноже́й 칼　　　　учитель → учителе́й 선생님 дождь → дожде́й 비　　　календарь → календаре́й 달력 • -е로 끝나는 중성 명사 море → море́й 바다　　　поле → поле́й 밭 • -ь로 끝나는 여성 명사 (ь 탈락) ночь → ноче́й 밤　　　дверь → двере́й 문
-ок, -ек	• -шка, -чка, -жка, -щка로 끝나는 여성 명사 (ка 탈락) девушка → девушек 아가씨　　ложка → ложек 숟가락 • -мка, -лка, -нка, -рка로 끝나는 여성명사 (ка 탈락) сумка → сумок 핸드백　　　марка → марок 상표
축약형	• -а, -я로 끝나는 여성 명사 лампа → ламп 전등　　газета → газет 신문　　квартира → квартир 아파트 • -о로 끝나는 중성 명사 окно → окон 창문　　вино → вин 와인　　яблоко → яблок 사과

* 예외도 있습니다.

ⓒ 생격 활용

① 양을 나타내는 부사와 함께

아래의 양을 나타내는 부사는 생격을 지배합니다. 뒤에는 반드시 복수 생격형을 씁니다.

много 많이	немного 조금	мало 조금	немало 적지 않은

У меня <u>много</u> друзей. 나는 친구가 많이 있다.

В этой больнице <u>мало</u> врачей. 이 병원에는 의사가 많지 않다.

В библиотеке <u>мало</u> студентов. 도서관에 학생이 적다.

В универмаге <u>много</u> магазинов **косметики**. 백화점에는 많은 화장품 매장이 있다.

② 생격 지배 전치사와 함께

у + 명사(생물) : ~에게	у + 명사(무생물) : ~근처에, 옆에	для : ~를 위해
после : ~후에	до : ~전에	

<u>У</u> моего брата есть хороший друг. 나의 형에게는 좋은 친구가 있다.

<u>У</u> моего дома есть красивый сад. 나의 집 근처에 아름다운 정원이 있다.

Это подарок <u>для</u> тебя. 이것은 너를 위한 선물이야.

<u>После</u> перерыва был урок. 쉬는 시간 후에 수업이 있었다.

Они решили проблемы до **отпуска**. 그들은 휴가 전에 문제를 해결했다.

Я готовила <u>для</u> своих родителей. 나는 부모님을 위해 요리했다.

<u>После</u> дождя на небе была радуга. 비 온 뒤 하늘에는 무지개가 있었다.

단 어 библиотека 도서관   косметика 화장품   сад 정원   перерыв 쉬는 시간   урок 수업   проблема 문제   отпуск 휴가
дождь 비   небо 하늘   радуга 무지개

연습문제

1. 다음 빈칸에 알맞은 단어를 〈보기〉에서 골라 쓰세요.

| 보기 | для   был   него   меня   музыкантов   людей   Антóна

Привéт Мúна! Э́то Фёдор. У меня _____ прекрáсный день вчерá.
Ты знáешь _____? Он – мой друг. У _____ были билéты на концéрт. И
он пригласúл _____. Там в зáле бы́ло мнóго _____. Вот э́то фотогрáфии
_____. Они́ игрáли прóсто отлúчно. Я хотéл поблагодарúть своегó
дрýга и купúл подáрок _____ негó.

2. 윗글을 읽고, 다음 질문에 답하세요.

(1) Что Фёдор и Антон делали вчера?

① Они отдыхали дома.   ② Они были на концерте.

③ Они играли в теннис.   ④ Они подарили подарок маме.

(2) Кто кого пригласил?

① Антон пригласил Фёдора.   ② Мина пригласила Фёдора.

③ Фёдор пригласил Антона.   ④ Антон пригласил Анну.

3. 괄호 안에 알맞은 단어를 고르세요.

(1) Вчера Фёдор (слýшает, слýшал) специáльную лéкцию.

(2) Ты (был, бы́ли) в ресторáне?

(3) Мы покупáли (красúвый, красúвые) матрёшки.

4. 다음 문장을 러시아어로 쓰세요.

    (1) 나는 식당에서 샐러드를 먹었습니다. ➡ _____

    (2) 모스크바는 그녀의 아름다운 고향입니다. ➡ _____

🎧 08-3

5. 질문을 듣고 알맞은 답을 고르세요.

    (1) _____ ?

        ① Нет, там было кафе.   ② Да, это было хорошее кафе.

        ③ Там было хорошее кафе.   ④ Ты была там?

    (2) _____ ?

        ① Да, я читала книгу.   ② Она слушала лекцию.

        ③ Нет, она не слушала лекцию там.   ④ Нет, она не читала книгу.

6. 다음 알파벳 퍼즐을 보고 단어를 찾아보세요. (8개)

Б	А	Л	Е	Т	О	П	В
В	Ж	Е	Н	Щ	И	Н	А
М	Х	К	В	Ч	Е	Р	А
Е	К	Т	Е	О	Л	Г	В
С	Т	О	Ч	Е	Л	О	П
Т	О	П	Е	У	О	Р	О
Е	У	Е	Р	В	Щ	О	Л
Ч	С	Е	М	Ь	Я	Д	В

단어   музыкант 연주자   поблагодарить 감사하다   подарок 선물

🎧 08-4

생격 지배 동사

다음 동사들은 목적어 자리에 대격이 아닌 생격을 취하는 동사들입니다.

● желать ～을 바라다, 기원하다

Желаю удачи. 성공을 기원합니다.

Желаю счастья. 행복을 기원합니다.

Желаю здоровья. 건강을 기원합니다.

● ждать ～를 기다리다

Антон ждёт ответа. 안톤은 답을 기다린다.

Я жду звонка. 나는 전화를 기다린다.

● бояться ～를 두려워하다

Я боюсь холода. 나는 추위를 두려워한다.

Антон боится темноты. 안톤은 어둠을 두려워한다.

복수 생격 예외 표현

※ 복수 생격으로 변하지 않는 경우

	단수 주격	복수 생격
раз 회, 번	один раз 한 번	много раз 다회
солдат 군인	один солдат 군인 한 명	много солдат 많은 군인

※ 규칙에서 벗어나는 경우

брат 남자 형제	один брат 형 한 명	много братьев 많은 형
ребёнок 아기	один ребёнок 아기 한 명	много детей 많은 아기
человек 사람	один человек 사람 한 명	много людей 많은 사람

연습문제 정답

1.

> Приве́т, Ми́на! Э́то Фёдор. У меня́ был прекра́сный день вчера́. Ты зна́ешь Анто́на? Он – мой друг. У него́ бы́ли биле́ты на конце́рт. И он пригласи́л меня́. Там в за́ле бы́ло мно́го люде́й. Вот э́то фотогра́фии музыка́нтов. Они́ игра́ли про́сто отли́чно. Я хоте́л поблагодари́ть своего́ дру́га и купи́л пода́рок для него́.
>
> 안녕, 미나야! 나 표도르야. 어제 나는 멋진 시간을 보냈어. (직역: 나에게 멋진 날이었어.) 너 안톤을 알지? 그는 나의 친구야. 그에게 음악회 표가 있었어. 그래서 그가 나를 초대했지. 홀에 사람이 정말 많더라. 자 여기 음악가들의 사진이야. 그들은 연주를 정말 잘했어. 나는 내 친구에게 감사를 표시하고 싶어서 그를 위한 선물을 샀어.

2.

(1) 표도르와 안톤은 어제 무엇을 했나요?

　① 그들은 집에서 쉬었다.

　② 그들은 음악회에 다녀왔다

　③ 그들은 테니스를 쳤다.

　④ 그들은 엄마에게 선물을 드렸다.

(2) 누가 누구를 초대했나요?

　① 안톤이 표도르를 초대했다.

　② 미나가 표도르를 초대했다.

　③ 표도르가 안톤을 초대했다.

　④ 안톤이 안나를 초대했다.

3.

(1) 표도르는 어제 특별 강의를 들었다. (слу́шал)

(2) 너는 식당에 있었니? (был)

(3) 우리는 아름다운 마트료시카를 샀다. (краси́вые)

4.

(1) Я ел(а) сала́т в рестора́не.

(2) Москва́ – её краси́вая ро́дина.

5. [MP3 08-3]

(1) Что там бы́ло ра́ньше?

　예전에 그곳에 무엇이 있었나요?

(2) Что Софи́я де́лала вчера́?

　어제 소피아는 무엇을 했나요?

(1) ① 아니요, 그곳에 카페가 있었어요.

　② 네, 좋은 카페였지요.

　③ 그곳에 좋은 카페가 있었어요.

　④ 너는 거기 있었니?

(2) ① 네, 나는 책을 읽었어요

　② 그녀는 강의를 들었어요.

　③ 아니요, 그녀는 그곳에서 강의를 듣지 않았어요.

　④ 아니요, 그녀는 책을 읽지 않았어요.

6.

бале́т 발레, вме́сте 함께, же́нщина 여자, кто 누구, ве́чер 저녁, вчера́ 어제, го́род 도시, семья́ 가족

Б	А	Л	Е	Т	О	П	В
В	Ж	Е	Н	Щ	И	Н	А
М	Х	К	В	Ч	Е	Р	А
Е	К	Т	Е	О	Л	Г	В
С	Т	О	Ч	Е	Л	О	П
Т	О	П	Е	У	О	Р	О
Е	У	Е	Р	В	Щ	О	Л
Ч	С	Е	М	Ь	Я	Д	В

Я буду рисовать картину.

나는 그림을 그릴 것입니다.

주요 문법

● 미래시제 ● 여격

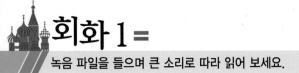

회화 1

녹음 파일을 들으며 큰 소리로 따라 읽어 보세요.

Минсу	За́втра бу́дет выходно́й день, что Вы бу́дете де́лать?
А́нна	Ну… Наве́рное, бу́ду рисова́ть карти́ну.
Минсу	Э́то хоро́шее хо́бби.
А́нна	Что Вы бу́дете де́лать?
Минсу	Я бу́ду убира́ть кварти́ру и стира́ть.
А́нна	За́втра бу́дет хоро́шая пого́да!
Минсу	Тогда́ бу́дет хоро́ший день для убо́рки и сти́рки!
А́нна	Како́й вы смешно́й!

💬 **해석**

민수: 내일 휴일인데 뭐 하실 거예요?

안나: 글쎄요. 그림을 그릴까 해요.

민수: 그것은 좋은 취미네요.

안나: 민수 씨는 뭐 하실 거예요?

민수: 저는 청소와 빨래를 할 거예요.

안나: 내일 날씨가 좋을텐데요!

민수: 그렇다면 청소와 빨래하기 딱이죠!

안나: 민수 씨는 재미있어요.

- □ за́втра 내일
- □ выходно́й день 휴일
- □ наве́рное 아마도
- □ хо́бби 취미
- □ убира́ть 청소하다
- □ стира́ть 빨래하다
- □ убо́рка 청소
- □ сти́рка 빨래
- □ смешно́й 재미있는

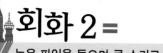

녹음 파일을 들으며 큰 소리로 따라 읽어 보세요.

🎧 09-2

Фёдор	Ми́на, что ты де́лаешь?
Ми́на	Я пишу́ письмо́.
Фёдор	Кому́ ты пи́шешь письмо́?
Ми́на	Э́то секре́т! Ха-ха, шучу́. Я пишу́ свое́й подру́ге.
Фёдор	Кака́я рома́нтика!
Ми́на	Ско́ро бу́дет её день рожде́ния.
Фёдор	Э́то её пода́рок на день рожде́ния①?
Ми́на	Да, пра́вильно.
Фёдор	Ско́ро бу́дет и мой день рожде́ния.
	Что ты пода́ришь мне?
Ми́на	Э́то то́же секре́т!

📣 해석

표도르: 미나야, 뭐 하고 있어?
미나: 나 지금 편지 쓰고 있어.
표도르: 누구에게 편지를 쓰고 있어?
미나: 비밀이야. 하하, 농담이야. 내 친구에게 쓰고 있어.
표도르: 낭만적이다.
미나: 곧 그녀의 생일이거든.
표도르: 이게 생일 선물인가 봐?
미나: 응, 맞아.
표도르: 곧 내 생일이기도 한데. 나에겐 무엇을 선물할 거야?
미나: 그것도 비밀이야.

① '~날(에 주는) 선물'은 '선물 + на + 날(대격)'으로 표현합니다. пода́рок на пра́здник '기념일에 주는 선물'

☐ кому́ 누구에게(여격)
☐ секре́т 비밀
☐ шути́ть 농담하다
☐ рома́нтика 낭만
☐ ско́ро 곧
☐ день рожде́ния 생일

문법

Ⓐ 미래시제

동사의 미래시제는 'быть 동사의 미래형 + 동사원형' 형태로 나타냅니다. 단, быть 동사의 미래시제는 быть 동사의 미래형만 씁니다.

● быть 동사의 미래형

인칭	быть 동사	인칭	быть 동사
Я	буду	Мы	будем
Ты	будешь	Вы	будете
Он/Она	будет	Они	будут

A: Где ты будешь завтра? 너 내일 어디 있을 거야?

B: Завтра я буду на море. 나는 내일 바다에 있을 거야.

A: Что ты будешь делать завтра? 너는 내일 무엇을 할 거야?

B: Завтра я буду отдыхать дома. 나는 내일 집에서 쉴 거야.

※ 미래를 나타내는 부사

завтра 내일	на следующей неделе 다음 주에
послезавтра 내일 모레	в следующем году 내년에
скоро 곧	в будущем 미래에(전치사 + 시간 표현)

● 시간을 나타내는 표현

과거			현재	미래		
날짜, 시간 + назад (~ 전에)			сейчас 지금	через + 날짜, 시간 (~ 후에)		
раньше 예전에	позавчера 그제	вчера 어제	сегодня 오늘	завтра 내일	послезавтра 모레	позже 나중에

Я был в кафе час назад и буду в ресторане через час.

나는 한 시간 전에 카페에 있었고 한 시간 후에는 식당에 있을 것이다.

Вчера я был в офисе, сегодня я на семинаре, а завтра буду на заводе.

어제 나는 사무실에 있었고 오늘은 세미나에 있고 내일은 공장에 있을 것이다.

단어 неделя 주   назад ~전에   через 지나서   час 한 시간   семинар 세미나   завод 공장

● 요일 표현

'~요일에'라는 표현은 '전치사 в + 요일(대격)'을 씁니다.

	월	화	수	목	금	토	일
주격	понедельник	вторник	среда	четверг	пятница	суббота	воскресенье
в + 대격	в понедельник	во вторник	в среду	в четверг	в пятницу	в субботу	в воскресенье

> **주의!** '화요일에'는 발음편의상 во вторник으로 쓰고 [바프또르닉]이라 발음합니다.
> '수요일에'는 강세가 바뀝니다. среда́ → в сре́ду

Сегодня четверг. 오늘은 목요일이다.

Обычно в четверг я работаю не в офисе, а дома.
보통 목요일에 나는 사무실이 아니라 집에서 일한다.

A: Какой сегодня день недели? 오늘 무슨 요일인가요?

B: Сегодня суббота. 오늘은 토요일입니다.

A: Когда спектакль? 연극은 언제 하나요?

B: В субботу. 토요일에 합니다.

Ⓑ 여격

여격은 간접목적어를 표현할 때 사용하며 '~에게'로 해석합니다. 여격 의문사는 кому(생물), чему(무생물)입니다.

● 인칭대명사의 여격 변화

주격	я	ты	он(оно)	она	мы	вы	они
여격	мне	тебе	ему	ей	нам	вам	им

Антон дарил ей подарок. 안톤이 그녀에게 선물을 주었다.

Я отправил тебе результат экзамена. 나는 너에게 시험 결과를 보냈다.

Учитель часто мне говорит комплименты. 선생님은 나에게 자주 칭찬해주신다.

단어 день 날, 일 день недели 요일 результат 결과 экзамен 시험 комплимент 칭찬

● 명사의 여격 변화

명사의 여격 형태는 단수는 -у, -ю, -е, -и, 복수는 -ам, -ям 등의 어미를 붙입니다.

남성 중성	-у, -ю	• 자음으로 끝나는 남성 명사, -o 로 끝나는 중성 명사는 o가 탈락되고 -у 가 붙는다. сын → сыну 아들 　　　 клиент → клиенту 고객 молоко → молоку 우유 　　 окно → окну 창문 • -ь 로 끝나는 남성 명사, -е 로 끝나는 중성 명사는 각각 -ь, -е가 탈락되고 -ю가 붙는다. словарь → словарю 사전 　 дождь → дождю 비 море → морю 바다 　　　 здание → зданию 건물	папа '아빠'나 дядя '삼촌'처럼 -а나 -я로 끝나는 남성 명사는 여성 명사처럼 변화합니다. папа → папе дядя → дяде
여성	-е, -и	• -а, -я로 끝나는 여성 명사는 -а, -я를 -е로 바꾼다. девушка → девушке 아가씨 　 няня → няне 보모 машина → машине 자동차 　 тётя → тёте 이모 • -ь로 끝나는 여성 명사는 -ь를 -и로 바꾼다. площадь → площади 광장 　 ночь → ночи 밤 • -ия로 끝나는 여성 명사는 -ии로 바뀐다. Россия → России 러시아	*예외 мать → матери 어머니 дочь → дочери 딸
복수	-ам, -ям	• 자음으로 끝나는 남성 명사, -o로 끝나는 중성 명사, -a로 끝나는 여성 명사는 -ам을 붙인다. клиент → клиентам 고객 девушка → девушкам 아가씨 • -ь, -й로 끝나는 남성 명사, -е, -ие로 끝나는 중성 명사, -ь로 끝나는 여성 명사는 모두 모음이 탈락되고 -ям가 붙는다. родитель → родителям 부모 здание → зданиям 건물	*예외 друг → друзьям 친구

※ 이름의 여격 변화

Антон → Антону 안톤　　Сергей → Сергею 세르게이

Анна → Анне 안나　　София → Софии 소피아

Я подарил Анне духи. 나는 안나에게 향수를 선물했다.

Сергей написал Антону электронное письмо. 세르게이는 안톤에게 이메일을 썼다.

● 소유대명사의 여격 변화

남성, 중성	여격	여성	여격	복수	여격
чей 누구의 것	чьему	чья	чьей	чьи	чьим
мой 나의	моему	моя	моей	мои	моим
твой 너의	твоему	твоя	твоей	твои	твоим
наш 우리의	нашему	наша	нашей	наши	нашим
ваш 너희의	вашему	ваша	вашей	ваши	вашим
свой 자신의	своему	своя	своей	свои	своим

참고 3인칭 소유대명사(его, её, их)는 변화하지 않습니다.

Антон дарит своему сыну игрушки. 안톤은 자신의 아들에게 장난감을 선물한다.

Что вы подарили своим родителям? 당신은 당신의 부모님에게 무엇을 선물했나요?

● 여격 활용

러시아어에서 여격은 '주다', '선물하다' 등 수여동사의 간접목적어 역할을 합니다.

Мама дает ребёнку молоко. 엄마는 아기에게 우유를 준다.
주어   술어   간접목적어   직접목적어
(주격)   (여격)   (대격)

〈여격을 간접목적어로 취하는 동사〉

дава́ть 주다	дари́ть 선물하다	говори́ть/сказа́ть 말하다
писа́ть 쓰다	отвеча́ть 대답하다	зака́зывать 예약하다
продава́ть 판매하다		

Отец дает сыну деньги. 아버지는 아들에게 돈을 준다.

Мужчина дарит женщине цветы. 남자는 여자에게 꽃을 선물한다.

Учитель говорит школьникам комплимент. 선생님이 학생들에게 칭찬을 한다.

Внук пишет бабушке письмо. 손자가 할머니에게 편지를 쓴다.

Компания продает клиентам услуги. 회사가 고객에게 서비스를 판매한다.

단어 игрушка 장난감   компания 회사   клиент 고객   услуги 서비스

연습문제

1. 다음 빈칸에 알맞은 단어를 〈보기〉에서 골라 쓰세요.

| 보기 | будет   мне   друзьям и коллегам   буду   маме

Привет! Я Синди! Я американка, но сейчас я живу в Пекине. Я здесь работаю. Скоро _____ мой день рождения. У меня будет вечеринка. Я _____ думать, кого хочу пригласить. Потом я буду писать и отправлять приглашения _____. Вчера я позвонила _____. Она обещала подарить _____ часы.

※ Пекин 북경

2. 위 글을 읽고, 다음 질문에 답하세요.

(1) Где Синди живёт?

① в Сеуле   ② в Пекине   ③ в Москве   ④ в Лондоне

(2) Что скоро будет?

① экзамен   ② заседание

③ день рождения   ④ свадебная церемония

(3) Кому Синди будет отправлять приглашения?

① своему начальнику   ② своим родителям

③ своим друзьям   ④ своему брату

(4) Что её мама обещала подарить ей на день рождения?

① косметику   ② часы   ③ журнал   ④ платье

단어 американка 미국 여자 вечеринка 파티 пригласить 초대하다 приглашение 초대장 обещать 약속하다 заседание 회의
свадебная церемония 결혼식 свой 자신의 начальник 상사 косметика 화장품 платье 드레스

3. 괄호 안에 알맞은 단어를 고르세요.

(1) Я показал (ему, его) отчёт.

(2) Антон говорил (её, нам) о Москве.

(3) Анна хотела подарить духи (маме, маму).

(4) Мы будем (писать, написать) письмо нашему отцу.

(5) (Кого, Кому) ты будешь писать электронное письмо?

4. 주어진 단어를 알맞은 형태로 바꾸어 빈칸에 쓰세요.

(1) Я хочу подарить эти цветы _____. (Анна)

(2) Антон дал свои деньги _____. (брат)

(3) Мы _____ писать отчет вместе. (быть)

(4) Я _____ решать эту задачу очень долго. (быть)

(5) Он _____ рисовать картину через месяц. (быть)

🎧 09-3

5. 대화를 듣고 질문에 답하세요.

(1) 안톤은 지금 무엇을 하나요?
   ① 쉬고 있다.   ② 자고 있다.   ③ 숙제를 하고 있다.   ④ 책을 읽고 있다.

(2) 내일 안톤은 무엇을 할 건가요?
   ① 여행을 갈 것이다.   ② 숙제를 할 것이다.
   ③ 일을 할 것이다.   ④ 시험을 볼 것이다.

단어 отчёт 보고서   электронное письмо 이메일   цветы 꽃

추가 어휘

쇼핑 покупки

🎧 09-4

● **식료품 Продукты питания**

рис 쌀	хлеб 빵	фрукты 과일	яблоки 사과	виноград 포도
мандарин 귤	клубника 딸기	овощи 채소	лук 양파	морковь 당근
огурец 오이	капуста 양배추	картофель 감자	напитки 음료	вода 물
молоко 우유	йогурт 요거트	сок 주스	пиво 맥주	водка 보드카

● **선물 Подарок**

одежда 옷	обувь 신발	косметика 화장품	духи 향수
аксессуары 장신구	часы 시계	серьги 귀걸이	кольцо 반지
кошелёк 지갑	цветок 꽃	подарочный сертификат 상품권	

● **가전 Домашняя техника**

телевизор 텔레비전	компьютер 컴퓨터	ноутбук 노트북
планшет 태블릿 PC	пылесос 청소기	холодильник 냉장고
стиральная машина 세탁기	микроволновка 전자레인지	смартфон 스마트폰
газовая плита 가스레인지	блендер 믹서기	

● **가구 Мебель**

диван 소파	стол 책상(식탁)	стул 의자	шкаф 장(책장, 옷장)	кровать 침대

● **식기 Посуда**

тарелка 접시	пиала 그릇	стакан 컵	чашка 찻잔	ложка 숟가락
палочки 젓가락	вилка 포크	нож 칼	кастрюля 냄비	доска 도마
половник 국자				

연습문제 정답

1.

Привет! Я Синди! Я американка, но сейчас я живу в Пекине. Я здесь работаю. Скоро будет мой день рождения. У меня будет вечеринка. Я буду думать, кого хочу пригласить. Потом я буду писать и отправлять приглашения друзьям и коллегам. Вчера я позвонила маме. Она обещала подарить мне часы.

안녕? 나는 신디야. 나는 미국인이야. 나는 지금 북경에 살고 있어. 나는 여기서 일하고 있어. 곧 내 생일이야. 파티를 할 거야. (직역: 나에게 파티가 있을 예정이야) 나는 누구를 초대하고 싶은지 생각해볼 거야. 그리고 나서 친구들과 동료들에게 초대장을 써서 보낼 거야. 어제 엄마에게 전화를 했어. 엄마는 내게 시계를 선물하기로 약속하셨어.

2.

(1) 신디는 어디에 사나요?

　① 서울에　　　② 북경에

　③ 모스크바에　④ 런던에

(2) 신디에게 무슨 일이 있을 예정인가요?

　① 시험　　　② 회의

　③ 생일　　　④ 결혼식

(3) 신디는 누구에게 초대장을 보낼 건가요?

　① 그녀의 상사에게　　② 그녀의 부모에게

　③ 그녀에 친구들에게　④ 그녀의 남자 형제에게

(4) 신디의 엄마는 신디에게 무엇을 선물하기로 약속했나요?

　① 화장품　② 시계　③ 잡지　④ 드레스

3.

(1) 나는 그에게 보고서를 보여주었다. (ему)

(2) 안톤은 우리에게 모스크바에 대해 말해주었다. (нам)

(3) 안나는 엄마에게 향수를 선물하고 싶어했다. (маме)

(4) 우리는 우리의 아버지에게 편지를 쓸 것이다. (писать)

(5) 너는 누구에게 이메일을 쓸 거니? (Кому)

4.

(1) Я хочу подарить эти цветы Анне.

나는 안나에게 이 꽃을 선물하고 싶다.

(2) Антон дал свои деньги брату.

안톤은 동생에게 자신의 돈을 주었다.

(3) Мы будем писать отчет вместе.

우리는 보고서를 함께 쓸 것이다.

(4) Я буду решать эту задачу очень долго. 나는 이 과제를 아주 오래 풀 것이다.

(5) Он будет рисовать через месяц.

그는 한 달 후에 그림을 그릴 것이다.

5. [MP3 09-3]

W: Антон, что ты делаешь?

M: Ой, мама. Сейчас я делаю домашние задания.

W: А завтра что будешь делать?

M: Ой, завтра у меня будет экзамен. Какой кошмар!

W: 안톤, 너 뭐 하고 있니?

M: 휴, 엄마, 지금 숙제를 하고 있어요.

W: 너 내일은 뭐 할 거니?

M: 휴, 내일은 시험이 있어요. 끔찍해요!(악몽이 따로 없어요)

(1) ③　　　(2) ④

Вы написали отчёт?

당신은 보고서를 다 쓰셨나요?

주요 문법

- 동사의 상: 불완료상과 완료상

Áнна	Минсу, Вы написа́ли отчёт?
Минсу	Нет, ещё не написа́л, сейча́с пишу́.
Áнна	Поня́тно.
Минсу	Я напишу́ че́рез час.
Áнна	Помо́чь?[①] У Вас мно́го рабо́ты.
Минсу	Спаси́бо. Тогда́ прове́рьте э́ти докуме́нты, пожалуйста!
Áнна	Хорошо́, сейча́с прове́рю.

💬 **해석**

안나: 민수 씨, 보고서 다 썼어요?

민수: 아니요, 아직 다 못 썼어요. 지금 쓰고 있어요.

안나: 알겠어요.

민수: 한 시간 후면 다 씁니다.

안나: 제가 도와드릴까요? 일이 많으시잖아요.

민수: 고마워요. 그러면 이 서류를 검토해 주세요.

안나: 좋아요, 지금 검토할게요.

① помо́чь (Вам)?는 "(당신을) 도와드릴까요?"의 관용적 표현입니다. 동사 원형으로 쓰는 것이 특징입니다.

☐ отчёт 보고서	☐ че́рез час 한 시간 후에	☐ проверя́ть 확인하다
☐ ещё 아직	☐ помо́чь 돕다	

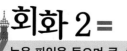

회화 2

녹음 파일을 들으며 큰 소리로 따라 읽어 보세요.

🎧 10-2

Фёдор	Ми́на, ты купи́ла биле́ты на спекта́кль①?
Ми́на	Ой, нет, не купи́ла, совсе́м забы́ла, извини́!
Фёдор	Ничего́!
Ми́на	Сейча́с куплю́.
Фёдор	Посмотри́ э́тот сайт.
Ми́на	Вот, нашла́ хоро́шие места́.
Фёдор	Как раз есть ски́дка.
Ми́на	Отли́чно! Вот, заплати́ла де́ньги и купи́ла.
Фёдор	Ура́! Тогда́ до за́втра!

💬 **해석**

표도르: 미나, 연극표 샀어?
미나: 어머, 아니, 못 샀어.
완전히 잊어버렸네. 미안해.
표도르: 괜찮아.
미나: 지금 살게.
표도르: 이 사이트를 봐봐.
미나: 아, 좋은 자리를 찾았어.
표도르: 마침 할인도 하네.
미나: 좋다! 자, 돈 지불했고
표 샀어.
표도르: 야호! 그럼 내일 봐.

① '○○표'는 'билеты + на + 장소(대격)'로 표현합니다.

билеты на поезд 기차표

☐ спекта́кль 연극	☐ Ничего́! 괜찮아!	☐ заплати́ть де́ньги 돈을 지불하다
☐ совсе́м 완전히	☐ найти 찾다	☐ ура 만세
☐ забы́ть 잊다	☐ как раз 마침	☐ до за́втра! 내일 보자!

문법

Ⓐ 동사의 상: 불완료상과 완료상

러시아어 동사는 동작을 해석하는 관점에 따라 불완료상과 완료상으로 나뉘며, 대부분의 동사가 불완료상 – 완료상으로 짝을 이루어 존재합니다. 불완료상은 동작의 '과정'에, 완료상은 동작의 '결과'에 초점이 맞추어져 있습니다.

불완료상 동사 – 진행 процесс	완료상 동사 – 결과 результат
Завтра я буду рисовать картину.	Завтра я нарисую эту картину.
내일 나는 그림을 그릴 것이다.	나는 내일 이 그림을 그릴 것이다.
(숨은 의미 : 나는 내일 그림을 그릴 것이다. 하지만 그림을 다 그릴지는 모르겠다.)	(숨은 의미 : 나는 내일 반드시 이 그림을 다 그려 완성할 계획 또는 의지를 가지고 있다.)

완료상 동사는 어떤 일을 다 했거나 또는 미래에 다 할 것만을 표현할 수 있기 때문에 과거시제와 미래시제로만 사용하며 불완료상 동사는 모든 시제에서 사용할 수 있습니다.

1. 화자의 행동이 끝나지 않고 진행되고 있음(또는 진행될 것)을 나타낼 때는 불완료상을 씁니다.

> Я буду писать письмо ещё час. 나는 편지를 한 시간 더 쓸 것이다. (한 시간 더 쓴다는 과정)
>
> Я думаю об этом и буду думать еще месяц. 이것에 대해 나는 한 달은 더 생각할 것이다.

〈불완료상 동사와 쓰이는 빈도부사〉

каждый день 매일	регулярно 정기적으로	часто 자주
редко 드물게	обычно 보통	

2. 화자가 행동을 완료했거나 완료하려는 의지를 강조할 때는 완료상을 씁니다.

> Я обязательно напишу отчёт через неделю. 나는 일주일 후에 반드시 보고서를 다 쓸 것이다.
>
> Она ещё не прочитала эту газету. 그녀는 이 신문을 아직 다 읽지 못했다.

〈완료상 동사와 자주 쓰는 부사〉

уже 벌써	ещё не 아직 안 한(부정 표현)
пока не 지금은 안 한	наконец 마침내

 단어 картина 그림 отчёт 보고서 обязательно 반드시

● 불완료상과 완료상의 의미 차이

불완료상 동사	완료상 동사
1. 진행, 과정, 단순 사실 Вчера я читал книгу. 어제 나는 책을 읽었다.	1. 완료, 결과, 구체적 사실 Вчера я прочитал интересную книгу. 어제 나는 재미있는 책을 다 읽었다.
2. 반복적인 행위 Он каждый день пил Американо. 그는 매일 아메리카노를 마셨다.	2. 1회 일어났던(또는 일어날) 행위 Он сегодня выпил кофе с молоком, хотя он не любит молоко. 그는 우유를 좋아하지 않는데 오늘은 우유가 들어간 커피를 마셨다.
3. 여러 동작이 동시에 진행되는 경우 Друзья разговаривали, пили пиво. 친구들은 이야기를 나누며 맥주를 마셨다.	3. 동작의 순차적 진행 Сначала они поговорили, а потом выпили пиво. 처음에 그들은 얘기를 나눈 다음 맥주를 마셨다.

● 불완료상과 완료상 동사 형태

대개 완료상 동사는 불완료상 동사에 접두사가 붙는 형태입니다.

불완료상 동사	의미	완료상 동사	불완료상 동사	의미	완료상 동사
смотреть	보다	посмотреть	дарить	선물하다	подарить
слушать	듣다	послушать	танцевать	춤추다	потанцевать
играть	놀다	поиграть	есть	먹다	съесть
работать	일하다	поработать	пить	마시다	выпить
гулять	산책하다	погулять	рисовать	그리다	нарисовать
завтракать	아침 먹다	позавтракать	писать	쓰다	написать
обедать	점심 먹다	пообедать	читать	읽다	прочитать
ужинать	저녁 먹다	поужинать	платить	지불하다	заплатить
звонить	전화하다	позвонить	учить	배우다	выучить

단어 американо 아메리카노   кофе с молоком 우유를 탄 커피

연습문제

1. 다음 빈칸에 알맞은 단어를 〈보기〉에서 골라 쓰세요.

| 보기 | посмотрю́   прочита́ла   чита́ла   нарисова́ла

Приве́т! Я Софи́. Я францу́женка. У меня́ мно́го хо́бби. Я люблю́ рисова́ть. Вчера́ я рисова́ла карти́ну, но не _____ её до конца́. Я люблю́ смотре́ть кино́. Я хоте́ла посмотре́ть но́вый фильм о любви́, но пока́ не посмотре́ла. За́втра обяза́тельно _____ его́. Я о́чень люблю́ чита́ть рома́ны. Я _____ рома́н «Война́ и мир» уже́ ме́сяц и позавчера́ наконе́ц его́ _____ .

* Война́ и мир 전쟁과 평화(러시아 작가 톨스토이의 소설)

2. 위 글을 읽고, 다음 질문에 답하세요.

(1) Како́е хо́бби есть у Софи́?

① игра́ть в гольф   ② смотре́ть кино́   ③ гото́вить   ④ чита́ть газе́ты

(2) Софи́ нарисова́ла карти́ну?

① Да, она́ нарисова́ла её до конца́.   ② Она́ не хо́чет рисова́ть её.

③ Нет, пока́ она́ не нарисова́ла её.   ④ Она́ хорошо́ рису́ет.

(3) Когда́ Софи́ посмо́трит но́вый фильм?

① вчера́   ② за́втра   ③ послеза́втра   ④ сего́дня ве́чером

(4) Как до́лго она́ чита́ла рома́н «Война́ и мир»?

① ме́сяц   ② два ме́сяца   ③ оди́н год   ④ два ра́за

단어 **францу́женка** 프랑스 여자   **хо́бби** 취미   **до конца́** 끝까지   **пока́** 아직   **рома́н** 소설   **наконе́ц** 마침내   **игра́ть в гольф** 골프하다

3. 빈칸에 알맞은 동사의 형태를 고르세요.

(1) Вчера Фёдор наконец _____ новый интересный фильм.

① смотрит ② смотрел ③ посмотрел ④ посмотрит

(2) Что ты сегодня уже _____ в магазине?

① покупал ② покупаешь ③ купите ④ купил

(3) Антон никогда не _____ роман «Война и мир».

① прочитал ② читает ③ прочитаешь ④ читал

(4) Сергей утром _____ 3 письма клиентам.

① пишу ② писал ③ написал ④ пишет

(5) Мой друг на день рождения _____ вкусный торт .

① готовил ② готовишь ③ готовишь ④ приготовишь

(6) Мой брат _____ эту задачу 2 часа, но так и не решил.

① решал ② решает ③ решить ④ решил

🎧 10-3

4. 대화를 듣고 질문에 답하세요.

(1) 안나는 엄마에게 무엇을 해야 했나요?
① 전화하기 ② 안부 전하기 ③ 선물하기 ④ 감사인사 드리기

(2) 안나는 왜 해야 할 일을 잊었나요?
① 아파서 ② 힘들어서 ③ 바빠서 ④ 수업이 있어서

추가 어휘

🎧 10-4

다양한 형태의 불완료상 – 완료상 동사

● 두 동사가 서로 다른 경우

говори́ть	–	сказа́ть 말하다
иска́ть	–	найти́ 찾다
станови́ться	–	стать ~가 되다
брать	–	взять 가지고 가다
сади́ться	–	сесть 앉다
класть	–	положи́ть 놓다

● 접미사의 모음이 a–и로 달라지는 경우

отвеча́ть	–	отве́тить 답하다
реша́ть	–	реши́ть 결정하다, 해결하다
проверя́ть	–	прове́рить 확인하다
изуча́ть	–	изучи́ть 공부하다
броса́ть	–	бро́сить 던지다, 버리다

● 완료상 동사가 짧아지는 경우

покупа́ть	–	купи́ть 사다
начина́ть	–	нача́ть 시작하다

● 불완료상 동사의 어간에 -(ы)ва-가 붙는 경우

дава́ть	–	дать 주다
забыва́ть	–	забы́ть 잊다
пока́зывать	–	показа́ть 보여주다
расска́зывать	–	рассказа́ть 말하다
встава́ть	–	встать 일어나다
зака́нчивать	–	зако́нчить 끝내다

● 기타

понима́ть	–	поня́ть 이해하다
проща́ть	–	прости́ть 용서하다

연습문제 정답

1.

> Приве́т! Я Со́фи. Я францу́женка. У меня́ мно́го хо́бби. Я люблю́ рисова́ть. Вчера́ я рисова́ла карти́ну, но не нарисова́ла её до конца́. Я люблю́ смотре́ть кино́. Я хоте́ла посмотре́ть но́вый фильм о любви́, но пока́ не посмотре́ла. За́втра обяза́тельно посмотрю́ его́. Я о́чень люблю́ чита́ть рома́ны. Я чита́ла рома́н «Война́ и мир» уже́ ме́сяц и позавчера́ наконе́ц его́ прочита́ла.

안녕! 나는 소피야. 나는 프랑스인이야. 나에게는 취미가 많아. 나는 그림 그리기를 좋아해. 어제 나는 그림을 그렸는데 그림을 끝까지 다 그리지 못했어. 나는 영화 보는 것도 좋아해. 나는 사랑에 관한 새로운 영화를 보고 싶었는데 아직 못 봤어. 내일 그 영화를 꼭 볼 거야. 나는 소설 읽기도 매우 좋아해. 나는 소설 ≪전쟁과 평화≫를 벌써 한 달째 읽고 있었는데 그제 마침내 다 읽었어.

2.

(1) 소피는 어떤 취미가 있나요?

① 골프하기   ② 영화 보기

③ 요리하기   ④ 신문 읽기

(2) 소피는 그림을 다 그렸나요?

① 네, 그림을 다 그렸어요.

② 그녀는 그림을 다 그리고 싶어해요

③ 아니요, 아직 그림을 다 못 그렸어요.

④ 그녀는 그림을 잘 그려요.

(3) 언제 소피가 새로운 영화를 볼까요?

① 어제   ② 내일   ③ 모레   ④ 오늘 저녁

(4) 소피는 소설 '전쟁과 평화'를 얼마나 오랫동안 읽었나요?

① 한 달   ② 두 달   ③ 일 년   ④ 두 번

3.

(1) ③ 어제 표도르는 마침내 새로운 재미있는 영화를 보았다.
('어제', '마침내' → 완료 과거시제)

(2) ④ 너 오늘 벌써 가게에서 무엇을 산 거야?
('이미', '오늘' → 완료 과거시제)

(3) ④ 안톤은 소설 '전쟁과 평화'를 한 번도 읽어본 적이 없다.
(단순 사실 → 불완료 과거시제)

(4) ③ 세르게이는 아침에 고객에게 3통의 편지를 썼다. ('아침', '편지 3통' 구체적 사실 → 완료 과거시제)

(5) ④ 내 친구는 생일에 맛있는 케이크를 만들었다.
('생일' 구체적 시점 → 완료 과거시제)

(6) ① 내 동생은 이 과제를 두 시간 동안 풀었지만 아직 풀지 못했다. (2시간 동안 과제를 푸는 과정 → 불완료 과거시제)

4. [MP3 10-3]

> M: Анна, ты позвони́ла ма́ме?
>
> W: Нет, еще́ не позвони́ла.
>
> M: А почему́? Ты же обеща́ла.
>
> W: Я совсе́м забы́ла.
> Я была́ о́чень занята́.

M: 안나 너 엄마에게 전화했어?

W: 아니, 아직 전화 못 했어.

M: 왜? 네가 약속했잖아.

W: 완전히 잊어버렸어. 나 너무 바빴어.

(1) ①   (2) ③

Куда ты сейчас идёшь?

너는 지금 어디로 가니?

주요 문법

- 동작동사 • 대격 활용 – 이동하는 장소 표현 • 교통수단 표현
- 여격 활용 – 방문하는 대상 표현 • 생격 활용 – '어디에서 오셨어요?'

Минсу	А́нна, Вы е́дете домо́й?
А́нна	Нет, я е́ду в фи́тнес–клуб.
	Я ка́ждый день е́зжу туда́.
Минсу	На чём Вы обы́чно е́здите в фи́тнес–клуб?
А́нна	Я е́зжу на авто́бусе. А Вы куда́?
Минсу	Я е́ду к друзья́м. Они́ то́же из Коре́и.
А́нна	Вы бу́дете у́жинать вме́сте?
Минсу	Да, они́ меня́ пригласи́ли.
А́нна	Хоро́шего ве́чера!①

📖 **해석**

민수: 안나 씨, 집으로 가세요?

안나: 아니요, 저는 피트니스 센터에 가요. 매일 다니거든요.

민수: 평소에 무엇을 타고 다니세요?

안나: 버스를 타고 가요. 민수 씨는 어디로 가세요?

민수: 저는 친구들에게 가요. 그들도 한국에서 왔어요.

안나: 함께 저녁식사를 하시려고요?

민수: 네, 친구들이 저를 초대했어요.

안나: 좋은 저녁 보내세요.

① желать '바라다' 동사가 생략된 문장입니다. "Я желаю Вам(여격) хорошего вечера."(나는 당신에게 좋은 저녁이 되기를 바랍니다.)가 완전한 문장이지만 대화체에서는 주어, 동사, 대상을 생략한 형태로 사용합니다. желать 동사는 생격을 지배합니다.

□ домо́й 집으로	□ на чём 무엇을 타고	□ у́жинать–поу́жинать (불–완) 저녁 식사하다
□ фи́тнес–клуб 피트니스 센터	□ обы́чно 보통, 대게	□ приглаша́ть–пригласи́ть (불–완) 초대하다
□ ка́ждый день 매일	□ куда́ 어디로	□ хоро́шего дня! 좋은 저녁시간 보내세요
□ туда́ 거기로	□ из Коре́и 한국에서	

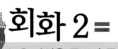

회화 2

녹음 파일을 들으며 큰 소리로 따라 읽어 보세요.

🎧 11-2

Фёдор	Ми́на, приве́т!
Ми́на	Почему́ ты опозда́л на лекцию?
Фёдор	Обы́чно я хожу́ в университе́т пешком.
Ми́на	Да, я зна́ю.
	Университет недалеко́ от твоего до́ма.
Фёдор	Но сего́дня шёл снег.
Ми́на	Да, пра́вильно.
Фёдор	У́лица была́ ско́льзкая, и я шёл о́чень ме́дленно.
Ми́на	Поэ́тому ты и опозда́л на ле́кцию.

💬 **해석**

표도르: 미나야 안녕!
미나: 아까 수업에 왜 늦은 거야?
표도르: 나 보통 학교에 걸어 다니잖아.
미나: 응, 알아. 학교가 집에서 그리 멀지 않잖아.
표도르: 그런데 오늘 눈이 내렸 잖아.
미나: 응 맞아.
표도르: 길이 너무 미끄러워서 천천히 걸어왔지.
미나: 그래서 수업에 늦었구나.

□ опозда́ть 늦다
□ опозда́ть на + 대격 ~에 늦다
□ пешко́м 걸어서

□ недалеко́ 멀지 않은
□ снег идёт 눈이 오다
□ ско́льзкий 미끄러운

□ о́чень ме́дленно
　매우 천천히

문법

Ⓐ 동작동사

러시아어의 동작동사는 '걷다, 달리다, 타고 가다, 날아 가다' 등 동작을 표현합니다. 동작동사는 동일한 뜻의 동사가 정태, 부정태 2가지 형태로 존재합니다.

● 정태 동사 *vs.* 부정태 동사

정태	부정태
 • 구체적인 목적지로 향하는 특정한 이동 • 특정한 한 방향으로의 이동 • 현재 또는 가까운 미래에 일어날 1회성 동작 • 자주 쓰이는 부사 сейчас 지금 сегодня 오늘 вчера 어제 завтра 내일	 • 불특정한 방향, 다방향 ・ 왕복 ・ 반복 행위 • 정해진 목적지 없이 이리저리 이동 • 자주 쓰이는 부사 часто 자주 каждый день 매일 регулярно 정기적으로 иногда 가끔씩

다음 동사의 정태와 부정태 의미를 비교해 보세요.

(1) **идти** 걸어 가다 – **ходить** 걸어 다니다

	정태	부정태
	идти 걸어 가다	**ходить** 걸어 다니다
Я	иду́	хожу́
Ты	идёшь	хо́дишь
Он/Она	идёт	хо́дит
Мы	идём	хо́дим
Вы	идёте	хо́дите
Они	идут	хо́дят
과거형	(он) шёл, (она) шла, (они) шли	(он) ходи́л, (она́) ходи́ла, (они́) ходи́ли

① 1회성 vs. 다회 및 반복

Сейчас я иду **в школу.** 나는 지금 학교에 간다. (정태)

Я хожу **в школу каждый день.** 나는 매일 학교에 다닌다. (부정태)

Сейчас мама идёт **в магазин.** 엄마는 지금 가게로 간다. (정태)

Мама часто ходит **в магазин.** 엄마는 가게에 자주 간다. (부정태)

② 한 방향 vs. 여러 방향(왕복)

Я иду **в бассейн.** 나는 수영장에 간다. (정태)

Я ходил **в бассейн н потом вернулся домой.** 나는 수영장에 갔다가 집으로 돌아왔다. (부정태)

(2) éхать 타고 가다 – éздить 타고 다니다

	정태	부정태
	éхать 타고 가다	éздить 타고 다니다
Я	éду	éзжу
Ты	éдешь	éздишь
Он/Она	éдет	éздит
Мы	éдем	éздим
Вы	éдете	éздите
Они	éдут	éздят
과거형	(он) éхал, (она́) éхала, (они́) éхали	(он) éздил, (она́) éздила, (они́) éздили

① 1회성 vs. 다회 및 반복

Сегодня мы едем **в театр.** 오늘 우리는 극장에 간다. (정태)

Мы ездим **в театр регулярно.** 우리는 정기적으로 극장에 간다. (부정태)

② 한 방향 vs. 여러 방향 (왕복)

Мы едем **на дачу.** 우리는 다차에 간다. (정태)

Мы ездили **на дачу вчера вечером.** 우리는 어제 저녁에 다차에 다녀왔다. (부정태)

B 대격 활용 – 이동하는 장소 표현

> **Куда идёт Анна?** 안나는 어디로 가나요?

Куда는 '어디로'를 뜻하는 의문사입니다. 대답은 **Где**(어디에) 의문문과 마찬가지로 지명이나 장소 앞에 전치사 **в**나 **на**가 오며, 각각의 전치사가 지배하는 명사도 같습니다. 단, 이때 명사는 전치사 뒤에 전치격이 아닌 대격 형태가 옵니다. 남성, 중성 명사는 주격과 같으므로 변하지 않으며, 여성 명사는 어미 -a, -я가 -у, -ю로 바뀝니다.

	в, на + 남성 명사	в, на + 여성 명사	в, на + 중성 명사
Анна идёт 안나는 가다	в университет 대학교로 в офис 사무실로 на проспект 대로로	в школу 학교로 на работу 직장으로 на улицу 거리로	в кино 극장으로 в кафе 카페로 на море 바다로

중요! '집으로'는 домой입니다.

A: Куда **ты идёшь?** 너 어디 가니?

B: **Я иду** в офис на работу. 나 사무실에 가고 있어.

A: Куда **Марина едет?** 안나는 어디로 가나요?

B: **Она едет** в кино. 그녀는 극장에 갑니다.

A: **Мама,** куда поехал папа? 엄마, 아빠는 어디 가셨어요?

B: **Он поехал** в командировку. 출장 가셨단다.

C 교통수단 표현

'~을 타고 가다'(ехать, ездить) 동사를 사용할 때, 교통수단은 항상 전치사 **на**와 함께 써서 '**на** + 교통수단(전치격)' 형태로 씁니다.

> на автобусе 버스를 타고   на такси 택시를 타고
> на метро 지하철을 타고   на машине 자동차를 타고

На чём ты едешь? 너는 무엇을 타고 가니?

Фёдор ездит в школу на метро. 표도르는 지하철을 타고 학교에 다닌다.

중요! метро, такси는 외래어 중성 명사로 어미가 변하지 않습니다.

ⓓ 여격 활용 – 방문하는 대상 표현

목적지를 나타낼 때는 'в, на + 대격'이지만 방문하는 사람을 표현할 경우는 전치사 'к+여격(кому)'을 사용합니다. 전치사 к는 여격만을 지배하는 전치사입니다.

> Я иду к врачу. 나는 의사에게 간다.
>
> Анна ходит к нам домой каждый день. 안나는 매일 우리 집에 온다.
>
> Мы часто ездим к бабушке на дачу. 우리는 다차로 할머니께 자주 간다.

참고 идти к врачу를 직역하면 '의사에게 가다'이지만 보통 '병원에 가다'로 해석합니다.

ⓔ 생격 활용 – '어디에서 오셨어요?'

'어디로'라는 의문사 Куда에 '~로부터'라는 뜻의 전치사 от이 붙으면 откуда '어디로부터'가 됩니다.

> Откуда Вы (приехали)? 당신은 어디로부터(어디에서) 왔나요?

Откуда로 질문을 받으면 'из, с + 생격'으로 대답해야 합니다. 어디에서 왔냐는 질문은 통상 국적이나 고향을 물어보는 질문이지만, 구체적으로 '너 지금 어디에서 오는 거니?'라는 질문에도 같은 형식으로 대답할 수 있습니다. 전치사 в 뒤에 오는 명사는 из를, на 뒤에 오는 명사는 с를 사용합니다.

> Я еду в Корею. 나는 한국으로 갑니다. → Я из Кореи. 나는 한국에서 왔습니다.
>
> Он едет в Китай. 그는 중국으로 갑니다. → Он из Китая. 그는 중국에서 왔습니다.
>
> Они едут на остров. 그들은 섬으로 갑니다. → Они с острова. 그들은 섬에서 왔습니다.

A: Откуда вы? 당신은 어디에서 왔나요?

B: Я из России. 저는 러시아에서 왔습니다.

A: Вы из Москвы? 모스크바에서 왔나요?

B: Нет, из Владивостока. 아니요. 블라디보스톡에서 왔어요.

단 어 остров 섬

연습문제

1. 다음 빈칸에 알맞은 단어를 〈보기〉에서 골라 쓰세요.

| 보기 | приéхал   éзжу   хожу́ |

Приве́т! Я – Фёдор. Я расскажу́ о себе́. Я живу́ в Москве́. Но Москва́ – э́то не мой родно́й го́род. Мой родно́й го́род – Санкт-Петербу́рг. Я учу́сь в МГУ. Поэ́тому я _____ из Петербу́рга в Москву́. Я _____ в университе́т пешко́м. Я живу́ в общежи́тии. У меня́ ле́кции у́тром и днём. Ве́чером я _____ в центр го́рода на метро́. Я подраба́тываю в рестора́не. Э́то мой гра́фик дня.

2. 윗글을 읽고, 다음 질문에 답하세요.

(1) О ком Фёдор расска́жет?

    ① об Анто́не   ② о ней   ③ о себе́   ④ о тебе́

(2) Где Фёдор живёт?

    ① до́ма   ② в общежи́тии   ③ в гости́нице

(3) Как он хо́дит на ле́кции?

    ① на велосипе́де   ② на такси́   ③ на метро́   ④ пешко́м

3. 주어진 단어를 알맞은 형태로 바꾸어 빈칸에 쓰세요.

(1) Он пришёл к _____ домо́й. (друзья́)

(2) Минсу обы́чно е́здит на рабо́ту на _____. (маши́на)

(3) Мина прие́хала из _____. (Коре́я)

4. 괄호 안에 알맞은 단어를 고르세요.

(1) Я иногда (хожу, иду) в школу пешком.

(2) Вчера он (ходил, шёл) к друзьям и спал там.

(3) Ты каждый день (ездишь, едешь) на метро?

(4) Они часто (ездят, едут) на работу на автобусе.

(5) Сейчас я (хожу, иду) в магазин.

5. 다음 문장을 러시아어로 쓰세요.

(1) 나는 학교에 보통 걸어 다닌다. ➡ _____

(2) 나는 어제 극장에 갔다 왔다. ➡ _____

(3) 안나는 지금 어디로 가나요? ➡ _____

🎧 11-3

6. 질문을 듣고 알맞은 답을 고르세요.

(1) _____?

① Я хожу в школу пешком. ② Я из Кореи.

③ Вы русский? ④ Нет, я не приеду.

(2) _____?

① Мы едем в университет. ② Идём домой.

③ К бабушке. ④ Завтра.

단어 **родной город** 고향 **пешком** 걸어서 **общежитие** 기숙사 **подрабатывать** 아르바이트하다 **график дней** 일과

동작동사

🎧 11-4

정태(가다)		부정태(다니다)
идти 걸어가다		**ходить** 걸어 다니다
ехать 타고 가다		**ездить** 타고 다니다
бежать 뛰다		**бегать** 뛰어 다니다
плыть 헤엄치다		**плавать** 헤엄쳐 다니다
лететь 날다		**летать** 날아 다니다

ехать/ездить (타고) 가다	**лететь/летать** 날아서 가다	**плыть/плавать** (바다에서) 가다
на трамвае 트램을 타고	на самолёте 비행기를 타고	на корабле 배를 타고
на поезде 기차를 타고	на вертолёте 헬리콥터를 타고	на лодке 보트를 타고
на экспрессе 고속기차를 타고	на дельтаплане 행글라이더를 타고	на яхте 요트를 타고
на велосипеде 자전거를 타고		

연습문제 정답

1.

> Приве́т! Я – Фёдор. Я расскажу́ о себе́. Я живу́ в Москве́. Но Москва́ – э́то не мой родно́й го́род. Мой родно́й го́род – Санкт-Петербу́рг. Я учу́сь в МГУ. Поэ́тому я прие́хал из Петербу́рга в Москву́. Я хожу́ в университе́т пешко́м. Я живу́ в общежи́тии. У меня́ ле́кции у́тром и днём. Ве́чером я е́зжу в центр го́рода на метро́. Я подраба́тываю в рестора́не. Э́то мой гра́фик дня.
>
> 안녕, 나는 표도르야. 내가 나에 대해 말해줄게. 나는 모스크바에 살아. 하지만 모스크바는 내 고향은 아니야. 내 고향은 상트페테르부르크야. 나는 지금 엠게우에서 공부해. 그래서 페테르부르크에서 모스크바로 왔지. 나는 학교에 걸어서 다녀. 나는 기숙사에서 살고 있어. 아침과 낮에 수업이 있어. 저녁에는 지하철을 타고 시내로 가. 나는 식당에서 아르바이트를 해. 이게 나의 하루 일과야.

2.

(1) 표도르는 누구에 대해 이야기 하고 있나요?

　① 안톤에 대해　　② 그녀에 대해

　③ 자신에 대해　　④ 너에 대해

(2) 표도르는 어디서 사나요?

　① 집에서　　② 기숙사에서

　③ 호텔에서

(3) 표도르는 학교에 어떻게 가나요?

　① 자전거를 타고　　② 택시를 타고

　③ 지하철을 타고　　④ 걸어서

3.

(1) Он пришёл к друзья́м домо́й.
그는 친구 집으로 갔다.

(2) Минсу́ обы́чно е́здит на рабо́ту на маши́не. 민수는 보통 차를 타고 출근한다.

(3) Ми́на прие́хала из Коре́и.
미나는 한국에서 왔다.

4.

(1) 나는 가끔 걸어서 학교에 간다. (хожу́)

　(иногда́ '가끔'이라는 부사, 정기적)

(2) 어제 그는 친구들에게 가서 거기서 잤다. (ходи́л)

　(여러 가지 사건 나열)

(3) 너는 매일 지하철을 타고 다니니? (е́здишь)

　('매일'이라는 시간 표현, 정기적)

(4) 그들은 자주 직장에 버스를 타고 다닌다. (е́здят)

　('자주'라는 부사, 정기적)

(5) 지금 나는 가게로 간다. (иду́)

　('지금'이라는 부사, 가까운 미래)

5.

(1) Я обы́чно хожу́ в шко́лу пешко́м.

(2) Вчера́ я ходи́л в теа́тр.

(3) Куда́ А́нна идёт сейча́с?

6. [MP3 11-3]

> (1) Отку́да Вы прие́хали?
> 당신은 어디에서 오셨어요?
>
> (2) К кому́ мы идём сейча́с?
> 우리 지금 누구에게 가는 거예요?

(1) ① 나는 학교를 걸어 다닌다.　② 한국에서 왔어요.

　③ 당신은 러시아 사람입니까?　④ 아니요, 전 안 갈래요.

(2) ① 우리는 대학교로 갑니다.　② 집으로 갑니다.

　③ 할머니에게 (갑니다).　④ 내일이요.

Когда клиенты придут?

고객들은 언제 오나요?

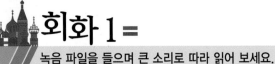

🎧 12-1

Минсу	А́нна, когда́ приду́т клие́нты?
А́нна	Ско́ро приду́т. Они́ неда́вно звони́ли.
Минсу	Отли́чно! А нача́льник пришёл на рабо́ту?
А́нна	Да, пришёл. То́лько что он вошёл в свой кабине́т.
Минсу	Тогда́ я пое́ду на заво́д.
А́нна	Хорошо́, когда́ вы выхо́дите?①
Минсу	Че́рез час выхожу́ из о́фиса.

📖 **해석**

민수: 안나 씨, 고객들은 언제 오세요?

안나: 곧 오실 거예요. 방금 전화 왔어요.

민수: 알겠어요. 사장님은 오셨어요?

안나: 네 오셨어요. 방금 사무실로 들어가셨어요.

민수: 그러면 저는 공장에 다녀올게요.

안나: 네, 언제쯤 출발하실 거예요?

민수: 한 시간 후에 사무실에서 출발하려고요.

① 직역하면 "언제 나갈 겁니까?"라는 의미. 언제 출발할지 물을 때 쓰는 표현입니다.

- □ прийти́–приходи́ть ~로 오다
- □ клие́нт(ы) 고객
- □ ско́ро 곧
- □ неда́вно 방금 전에
- □ нача́льник 상사
- □ войти́–входи́ть 들어가다
- □ кабине́т 사장실
- □ заво́д 공장
- □ че́рез + 대격 ~후에, ~을 통해
- □ вы́йти из о́фиса 사무실에서 나가다

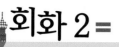

회화 2

녹음 파일을 들으며 큰 소리로 따라 읽어 보세요.

Фёдор	Ой, Ми́на, идёт си́льный дождь!
Ми́на	Да, к сча́стью я взяла́ зо́нтик. А у тебя́ есть зонт?
Фёдор	Нет, ку́плю оди́н.
Ми́на	У меня́ есть ещё оди́н. На!① Возьми́ себе́ си́ний зо́нтик.
Фёдор	Спаси́бо, Ми́на. Мне нра́вится цвет.
Ми́на	Да, си́ний цвет тебе́ идёт.

💬 **해석**

표도르: 우와, 미나야, 비가 세차게도 오네!

미나: 응, 다행히 우산을 챙겨왔지. 너는 우산 있어?

표도르: 아니, 하나 살 거야.

미나: 나한테 우산이 하나 더 있어. 재! 파란색 우산을 가져가!

표도르: 고마워 미나. 색깔이 맘에 들어.

미나: 응 파란색이 너와 잘 어울려.

---

① на!는 "재!", "여기!"라는 표현으로 일상 대화에서 자주 쓰는 표현입니다.

☐ **к сча́стью** 다행히   ☐ **купи́ть–покупа́ть** 사다   ☐ **идёт** ~에게(여격) …이(주격) 어울리다
☐ **зонт(ик)** 우산

Ⓐ 동작동사의 완료상 – 불완료상

기본 동작동사는 정태와 부정태 모두 불완료상 동사입니다. 동작동사의 상을 결정하고 동작을 보다 다양하게 표현하도록 도와주는 것이 바로 접두사입니다. 일반적으로 정태동사에 접두사가 붙으면 완료상이 되고 부정태 동사에 접두사가 붙으면 불완료상 동사가 됩니다.

⑴ 접두사 в-, вы-

접두사 в- : 건물 내부로 들어감	접두사 вы- : 건물 내부로부터 나옴
Собака входит в дом. 개가 집으로 들어간다.	Собака выходит из дома. 개가 집에서 나온다.

войти + в(на) + 대격			выйти + из(с) + 생격		
의미	완료	불완료	의미	완료	불완료
들어가다	войти	входить	나오다	выйти	выходить
들어가다(탈 것)	въехать	въезжать	나오다(탈 것)	выехать	выезжать
뛰어 들어가다	вбежать	вбегать	뛰어 나오다	выбежать	выбегать

접두사 'в- + 동작동사'는 '~로 들어가다'이기 때문에 전치사 'в, на + 대격'으로, 'вы- + 동작동사'는 '~로부터 나오다'이기 때문에 전치사 'из, с + 생격'을 씁니다.

Машина въезжает в гараж. 자동차가 차고로 들어간다.

vs. Машина выезжает из гаража. 자동차가 차고에서 나온다.

Принцесса вбегает в замок. 공주가 성으로 뛰어 들어간다.

vs. Принцесса выбегает из замка. 공주가 성에서 뛰어 나온다.

● 파생명사

вход 입구 въезд 차량 입구	выход 출구(주로 지하철) выезд 차량 출구 вылет 항공기 출발 구역

단어 гараж 차고   принцесса 공주   замок 성

⑵ 접두사 при-, у-

접두사 при- : 목적지에 도착함	접두사 у- : 지금 있는 장소로부터 떠남

Самолёт прилетел. 비행기가 도착했다.

Самолёт улетел. 비행기가 떠났다. (출발했다)

прийти + в(на) + 대격(장소) + к + 여격(사람)			уйти + из(с) + 생격(장소) + от + 생격(사람)		
의미	완료	불완료	의미	완료	불완료
(걸어서) 도착하다	прийти	приходить	(걸어서) 떠나다	уйти	уходить
(타고) 도착하다	приехать	приезжать	(타고) 떠나다	уехать	уезжать
(날아서) 도착하다	прилететь	прилетать	(날아서) 떠나다	улететь	улетать

접두사 при-도 в-와 마찬가지로 '~로 향해' 가는 것을 의미하기 때문에 목적지가 장소인지 사람인지에 따라 전치사 'в, на + 장소(대격)', 전치사 'к + 사람(여격)' 형태를 사용합니다. 접두사 'у- + 동작동사'는 '~로부터' 떠나오는 행위를 표현합니다. 떠나오는 곳이 장소일 때는 'из, с + 장소(생격)', 사람일 때는 전치사 'от + 사람(생격)' 형태를 씁니다.

Студент пришёл на экзамен. 학생이 시험을 보러 왔다.

vs. Студень ушёл с экзамена. 학생이 시험을 보고 떠났다.

* уйти(떠나다)는 문맥에 따라 다르게 해석되어, уйти с экзамена가 '시험을 다 보지 않고 자리를 떠나다'의 의미가 될 수도 있습니다.

Внуки приехали в деревню к бабушке. 손자들이 시골에 할머니께 왔다.

vs. Внуки уехали из деревни от бабушки. 손자들이 시골 할머니 댁에서 떠났다.

⑶ 접두사 по-

접두사 по-가 기본 동작동사와 결합하면 예외적으로 정태 – 부정태 동사 모두 완료상이 됩니다. 의미는 다음과 같습니다.

단 어 самолёт 비행기   экзамен 시험   водитель 운전자   парковка 주차장   полицейский 경찰   внук 손자   деревня 시골

● по + 정태 : **완료상** 동작동사

> по + идти = пойти 걷다   по + ехать = поехать (타고) 가다
>
> по + лететь = полететь 날다

〈특징〉

1. 동작이 새로 시작됨을 표현한다.

Он встал и пошёл. 그는 일어나 떠났다.

После работы мы пошли в кафе. 일이 끝나고 우리는 카페로 갔다.

2. 한 동작에서 다른 동작으로의 변화를 표현한다.

Мы стояли в пробке и потом медленно поехали.
우리는 교통체증에 갇혀 있다 천천히 이동했다.

Сначала я бегал, но потом устал и пошёл пешком.
처음에 나는 뛰었다가 조금 이따 지쳐서 걸었다.

3. 주어의 의지를 표현한다. (미래시제일 경우)

Завтра я не пойду на работу, я пойду к врачу.
나는 내일 회사에 가지 않겠다. 나는 병원에 가겠다.

● по + 부정태: **완료상** 동작동사

> по + ходить = походить 잠깐 걷다   по + ездить = поездить 잠깐 타고 가다
>
> по + летать = полетать 잠깐 날다

〈특징〉

1. 특정 동작을 짧은 시간 지속한다.

Он немного походил по комнате и сел. 그는 방안을 조금 돌아다니다 앉았다.

2. 확실한 목적이나 의미가 없는 동작을 나타낸다.

Я хочу чуть-чуть походить по магазину. 나는 가게 안을 조금 다니고 싶다.

단어 пробка 교통체증   идти к врачу 병원에 가다   чуть-чуть 조금

ⓑ идти 동사 활용

동작동사 идти는 '걷다', '걸어서 ~로 가다'라는 기본 의미 외에도 다양하게 활용됩니다.

⑴ 교통수단이 다니다

> Автобус идёт. 버스가 온다.
>
> Трамвай ходит регулярно. 트램이 정기적으로 다닌다.

⑵ 비, 눈이 오다

> Идёт сильный дождь. 비가 세차게 내린다.
>
> Вчера на юге России шёл снег. 어제 러시아 남부에 눈이 내렸다.

⑶ 시간, 인생 표현

> Время идёт быстро. 시간이 빨리 흐른다.
>
> Куда идёт жизнь? 인생은 어디로 가는가?

⑷ 일, 공연, 행사, 경기 등이 진행되다

> Работа идёт нормально. 일이 순조롭게 진행된다.
>
> Сейчас в Большом театре идёт балет *Щелкунчик*.
>
> 지금 볼쇼이극장에서 발레 '호두까기 인형'이 공연된다.

⑸ ~에게 ···이 어울리다 : ~에게(여격) + идти + ···이(주격)

> Тебе очень идёт новая причёска. 새로운 머리 모양이 너에게 아주 어울려.
>
> Чёрный цвет ребёнку не идёт. 아기에게 검은색은 어울리지 않아요.

단어 трамвай 트램 регулярно 정기적으로 юг 남부 быстро 빨리게 жизнь 삶 балет Щелкунчик 발레 호두까기 인형
причёска 머리 모양

연습문제

1. 다음 빈칸에 알맞은 단어를 〈보기〉에서 골라 쓰세요.

| 보기 | приехал   пришел   из метро   улетел   вошел

Сергей	Алло! Антон? Ты где? Я _____ в аэропорт.
Антон	Я только что вышел _____ . Ты в терминале?
Сергей	Да, я _____ в терминал.
Антон	Ты где? Я тебя не вижу.
Сергей	Я в зоне вылета. Вижу самолеты. Только что один самолет прилетел и один _____ .
Антон	Как интересно! Я _____ , вижу тебя!

2. 위 대화를 읽고, 다음 질문에 답하세요.

(1) Где Сергей сейчас?

① в университете   ② в больнице

③ в терминале аэропорта   ④ в банке

(2) На чём Антон поехал?

① на такси   ② на метро   ③ на автобусе   ④ пешком

(3) Что Сергей видит через окно?

① такси   ② метро   ③ самолёты   ④ мотоциклы

단어 аэропорт 공항   терминал 여객터미털   вылет 출발   зона вылета 출발층

3. 괄호 안에 알맞은 단어를 고르세요.

(1) Вчера Антон пришёл (к нам, у нас) домой.

(2) Мы поехали в (театре, театр) на такси.

(3) Анна и Минсу только что (вошли, входили) в комнату.

4. 주어진 단어를 알맞은 형태로 바꾸어 빈칸에 쓰세요.

(1) Вчера _____ снег. (идти)

(2) Это красное платье _____ очень идет. (ты)

(3) Недавно начальник _____ в свой кабинет. (войти)

5. 다음 문장을 러시아어로 쓰세요.

(1) 표도르는 방금 지하철에서 나왔다.   ➡ _____

(2) 비행기가 떠났다.   ➡ _____

(3) 자동차가 차고로 들어갔다.   ➡ _____

6. 대화를 듣고 질문에 답하세요.   🎧 12-3

(1) 대화 속 두 사람의 관계를 고르세요.
　　① 의사 – 환자　　② 아빠 – 아들　　③ 엄마 – 아들　　④ 친구 – 친구

(2) 아빠는 보통 언제 집에 오나요?
　　① 오전 6시 전　　② 오후 6시　　③ 정오　　④ 오후 6시 이후

접두사 + 동작동사(идти–ходить 걸어가다/ехать–ездить 타고 가다)

🎧 12-4

접두사	접두사 + 동작 동사 (완료 – 불완료)	전치사	예문
под 다가가는	подойти – подходить подъехать – подъезжать	к + 여격(장소) к + 여격(대상)	Мальчик подошел к скамейке. 남자 아이가 벤치로 다가갔다.
от 벗어나는	отойти – отходить отъехать – отъезжать	от + 생격(장소)	Я на 2 метра отошел от дома 나는 집에서 2미터 정도 벗어났다.
до ~ 까지 가는	дойти – доходить доехать – доезжать	до + 생격(장소)	Они дошли до театра и встретили свою маму. 그들은 극장까지 갔고 엄마를 만났다.
за 잠깐 들르는	зайти – заходить заехать – заезжать	в + 장소(대격) к + 대상(여격) за + 물건(조격)	Я зашел в магазин за молоком. 나는 우유를 사러 가게에 잠깐 들렀다.
об(о) 돌아가는	обойти – обходить объехать – объезжать		Там большая лужа и мы обходим её. 저기에 큰 웅덩이가 있고 우린 웅덩이를 돌아간다.
про (벽) 등을 따라가다 /질러가다	пройти – проходить проехать – проезжать	в + 장소(대격) через + 장소(대격) мимо + 대상(생격)	Сейчас я прохожу мимо офиса. 나는 지금 사무실 옆을 지나간다.
пере 건너가다	перейти – переходить переехать – переезжать	через + 장소(대격)	Кошка перешла улицу. 고양이가 길을 건넜다.

연습문제 정답

1.

Сергей:	Алло! Антон? Ты где? Я приехал в аэропорт.
Антон:	Я только что вышел из метро. Ты в терминале?
Сергей:	Да, я вошёл в терминал.
Антон:	Ты где? Я тебя не вижу.
Сергей:	Я в зоне вылета. Вижу самолеты. Только что один самолет прилетел и один улетел.
Антон:	Как интересно! Я пришел, вижу тебя!

세르게이:	여보세요. 안톤? 너 어디야? 나 방금 공항에 도착했어.
안톤:	난 방금 지하철에서 내렸어. 넌 터미널이야?
세르게이:	응, 터미널 안으로 들어왔어.
안톤:	어디야? 너 안 보이는데.
세르게이:	나 출발 층이야. 비행기가 보여. 방금 한 대가 도착했고 한 대가 떠났어.
안톤:	정말 흥미롭다. 나 왔어. 너 보인다.

2.

(1) 지금 세르게이는 어디에 있나요?
- ① 대학교에
- ② 병원에
- ③ 공항 터미널에
- ④ 은행에

(2) 안톤은 무엇을 타고 왔나요?
- ① 택시를 타고
- ② 지하철을 타고
- ③ 버스를 타고
- ④ 걸어서

(3) 세르게이는 무엇을 보고 있나요?
- ① 택시
- ② 지하철
- ③ 비행기
- ④ 오토바이

3.

(1) 어제 안톤은 우리 집으로 왔다. (к нам)

(이동 동사 + к + 여격)

(2) 우리는 극장으로 택시를 타고 갔다. (театр)

(이동 → 대격)

(3) 안나와 민수는 방금 방으로 들어왔다. (вошли)

('방금'→ 완료)

4.

(1) Вчера шёл снег. 어제 눈이 왔다.

(2) Это красное платье тебе очень идет.
이 아름다운 드레스는 너한테 참 잘 어울린다.

(3) Недавно начальник вошел в свой кабинет. 방금 전에 사장님이 자신의 사무실로 들어갔다.

5.

(1) Фёдор только что вышел из метро.

(2) Самолёт улетел.

(3) Машина въехала в гараж.

6. [MP3 12-3]

M:	Мама, папа дома?
W:	Нет, он вышел из дома на работу.
M:	Когда он придёт сегодня?
W:	Ну… Обычно он приходит с работы домой в 6 часов вечера, но сегодня придёт поздно.

M:	엄마, 아빠 집에 계세요?
W:	아니, 아침에 일하러 나가셨지.
M:	아빠가 집에 언제 오시죠?
W:	글쎄, 보통은 회사에서 6시에 오시는데 오늘은 늦게 오실 거야.

(1) ③   (2) ②

Я ел салат с креветками.

나는 새우를 곁들인 샐러드를 먹었습니다.

주요 문법

- 조격 ● 조격 활용 ● 명령문

🎧 13-1

А́нна	Минсу, что Вы де́лали вчера́ ве́чером?
Минсу	Вчера́ ве́чером?
	Я ходи́л с друзья́ми в кино́ и на у́жин.
А́нна	Расскажи́те подро́бно, пожа́луйста!
Минсу	Мы смотре́ли фильм у́жасов.
А́нна	Что Вы е́ли на у́жин?
Минсу	Я е́л стейк с карто́шкой и сала́т с креветками.
А́нна	Ой, зави́дую Вам. Вчера́ ве́чером я не у́жинала.
Минсу	А почему́ вы не пое́ли?
А́нна	Потому́ что сейча́с я на дие́те①.
Минсу	Что? Вы и сейчас вы́глядите отли́чно.
А́нна	Спаси́бо.

📢 해석

안나: 민수 씨, 어제 저녁에 뭐 하셨어요?
민수: 어제 저녁에요? 친구들과 영화 보고 저녁 먹었어요.
안나: 자세히 말해주세요.
민수: 영화는 공포영화를 봤어요.
안나: 저녁으로 무엇을 드셨어요?
민수: 감자를 곁들인 스테이크랑 새우 샐러드를 먹었어요.
안나: 아 부러워요. 저는 어제 저녁을 굶었어요.
민수: 왜 안 드셨어요?
안나: 지금 다이어트 중이거든요.
민수: 뭐라고요? 지금도 보기 좋으신데요.
안나: 고맙습니다.

---

① сиде́ть на дие́те는 '다이어트하다(직역: 다이어트에 앉다)'라는 표현으로, 동사 сиде́ть를 생략하고 на дие́те 형태로 많이 쓰입니다.

□ идти́–пойти́ в кино́
  영화관에 가다
□ фильм у́жасов 공포영화
□ стейк с карто́шкой
  감자를 곁들인 스테이크

□ сала́т с креветками 새우샐러드
□ зави́довать + 여격
  ~를 부러워하다

□ быть(сиде́ть) на дие́те
  다이어트 중이다
□ вы́глядеть + 부사
  ~하게 보이다

회화 2

녹음 파일을 들으며 큰 소리로 따라 읽어 보세요.

🎧 13-2

Фёдор	Ми́на, что хо́чешь пое́сть?
Ми́на	Не зна́ю, всё меню́ ка́жется вку́сным.
Фёдор	Выбира́й! Сего́дня я тебя́ угоща́ю. У меня́ есть купо́ны.
Ми́на	Хорошо́, я вы́брала.
Фёдор	Официа́нт!
Официа́нт	Я Вас слу́шаю.①
Фёдор	Принеси́те мне стейк с овоща́ми.
Ми́на	И мне сала́т Це́зарь и па́сту с гриба́ми, пожа́луйста!
Официа́нт	Что бу́дете пить?
Фёдор	Мне ко́фе со льдом, пожа́луйста!
Ми́на	А мне лимона́д то́лько безо льда. Спаси́бо!

📢 해석

표도르: 미나 너 뭐 먹고 싶어?
미나: 모르겠어. 다 너무 맛있어 보여.
표도르: 골라, 오늘은 내가 낼게 (대접할게). 나한테 쿠폰이 있거든.
미나: 좋아. 나 골랐어.
표도르: 여기요!
종업원: 무엇을 드시겠습니까?
표도르: 저는 채소를 곁들인 스테이크를 주세요.
미나: 저는 시저 샐러드와 버섯 파스타 주세요.
종업원: 음료는 어떻게 하시겠어요?
표도르: 아이스 커피 주세요.
미나: 저는 레모네이드요. 얼음은 빼주세요. 고맙습니다.

① 직역하면 '나는 당신(의 말)을 듣겠습니다.'로 '주문을 받을 준비가 되어 있다'라는 표현입니다. 이 외에도 "무엇을 주문하실래요?"라는 뜻의 Что Вы бу́дете?도 자주 쓰입니다.

- □ каза́ться вку́сным(и) 맛있어 보이다
- □ угоща́ть–угости́ть (불-완) 대접하다
- □ купо́н(ы) 쿠폰
- □ выбира́ть–вы́брать (불-완) 고르다
- □ официа́нт/официа́нтка 식당 종업원(남/녀)
- □ сала́т Це́зарь 시저샐러드
- □ па́ста с гриба́ми 버섯 파스타

A 조격

조격은 '도구(~로)'나 '수단(~에 의해)', '자격'을 나타냅니다. 조격을 지배하는 전치사 c와 함께 써서 '~와 함께'로 표현할 수 있습니다. 의문사는 кем(누구에 의해, 누구로서), чем(무엇에 의해, 무엇으로써)입니다.

● 명사의 조격 변화

명사의 조격 변화 어미는 남성(중성)은 -ом, -ем, 여성은 -ой, -ю, 복수는 -ами, -ями 등의 어미를 씁니다.

남성 중성	-ом, -ем(ём)	• 자음으로 끝나는 남성 명사, -о로 끝나는 중성 명사는 о가 탈락되고 -ом가 붙는다. сын → сыном 아들　　　клиент → клиентом 고객 молоко → молоком 우유　окно → окном 창문 • -ь로 끝나는 남성 명사, -е로 끝나는 중성 명사는 각각 -ь와 -е 가 탈락되고 -ем(ём)가 붙는다. словарь → словарём 사전　дождь → дождём 비 море → морем 바다　　здание → зданием 건물	папа '아빠'나 дядя '삼촌'처럼 -а나 -я로 끝나는 남성 명사는 여성 명사처럼 변화합니다. с папой 아빠와 함께 с дядей 삼촌과 함께
여성	-ой/ей, -ю	• -а, -я로 끝나는 여성 명사는 -а, -я가 탈락되고 각각 -ой, -ей가 붙는다. девушка → девушкой 아가씨 няня → няней 보모 • -ь로 끝나는 여성 명사는 -ь뒤에 -ю가 붙는다. площадь → площадью 광장 ночь → ночью 밤	
복수	-ами, -ями	• 자음으로 끝나는 남성 명사, -о로 끝나는 중성 명사와 -а로 끝나는 여성 명사는 모음이 탈락되고 -ами가 붙는다. лампа → лампами 램프　книга → книгами 책 • -ь, -й로 끝나는 남성 명사, -е, -ие로 끝나는 중성 명사, -ь로 끝나는 여성 명사는 모두 어미가 탈락되고 -ями가 붙는다. родитель → родителями 부모 здание → зданиями 건물	*예외 друг → друзьями 친구 брат → братьями 남자 형제 муж → мужьями 남편 сын → сыновьями 아들

Ребёнок ест лапшу вилкой. 아기가 포크로 국수를 먹는다.

Сергей работает учителем. 세르게이는 선생님으로 일한다. (세르게이는 선생님이다.)

Я пишу карандашом. 나는 연필로 쓴다.

Анна живёт с родителями. 안나는 부모님과 함께 산다.

Я работаю с друзьями. 나는 친구들과 일한다.

● 인칭대명사의 조격 변화

주격 кто	я	ты	он(оно)	она	мы	вы	они
조격 кем	мной	тобой	им	ей	нами	вами	ими

Он работает со мной. 그는 나와 함께 일합니다.

Я была с ними вчера. 나는 어제 그들과 함께 있었습니다.

Я хочу быть с тобой. 나는 너와 함께 있고 싶어.

Идите с нами. 우리와 함께 가세요.

중요 '나와 함께'라는 뜻의 'с + мной'에서 전치사 с는 발음 편의상 со로 바뀌어 [쌈노이]라고 발음합니다. 3인칭은 인칭대명사에 н을 붙여 с ним, с ней, с ними [스님, 스녜이, 스니미]로 발음합니다.

● 형용사의 조격 변화

남성, 중성	-ым, -им	형용사 어미 -ый, -ой, -ий가 탈락되고 -ым, -им가 붙는다. молодой Антон → молодым Антоном 젊은 안톤 высокое здание → высоким зданием 높은 건물
여성	-ой, -ей	형용사 어미 -ая, -яя가 탈락되고 -ой, -ей가 붙는다. красивая девушка → красивой девушкой 아름다운 아가씨
복수	-ыми, -ими	형용사 어미 -ые, -ие가 탈락되고 -ыми, -ими가 붙는다. чистые окна → чистыми окнами 깨끗한 창문

Анна работает с активными коллегами. 안나는 활동적인 동료들과 일합니다.

Мы разговариваем с добрыми соседями. 우리는 착한 이웃과 이야기합니다.

Сергей вошёл в ресторан с красивой девушкой.

세르게이는 아름다운 아가씨와 식당으로 들어갔다.

B 조격 활용

'언제'에 대한 대답으로 시간과 계절 등을 표현할 때는 조격으로 씁니다.

주격 что		조격 чем	
утро 아침	день 낮	утром 아침에	днём 점심에
вечер 저녁	ночь 밤	вечером 저녁에	ночью 밤에
весна 봄	лето 여름	весной 봄에	летом 여름에
осень 가을	зима 겨울	осенью 가을에	зимой 겨울에

참고 단, 요일은 대격, 월은 전치격을 씁니다.

Я не люблю лето, потому что летом слишком жарко.
나는 여름에 너무 더워서 여름을 좋아하지 않는다.

전치사 c와 함께 다양한 표현이 가능합니다.

Я хочу кофе с сахаром. 나는 설탕을 탄 커피를 마실래요.

Я хочу картошку с кетчупом. 나는 케첩이 들어간 감자를 먹을래요.

※ 조격을 지배하는 동사

- быть кем ~이다
  Я был студентом. 나는 학생이었다.

- болеть чем 아프다
  Ребёнок болеет гриппом. 아기는 독감으로 아프다.

- стать кем ~가 되다
  Он станет врачом. 그는 의사가 될 것이다.

- поздравлять с чем ~을 축하하다
  Поздравляю с днём рождения. 생일을 축하합니다.

C 명령문

명령문은 보통 상대방(2인칭)에게 하는 명령문과 영어의 Let's ~에 해당하는 명령문 그리고 대화 상대 외 제 3자에게 지시하는 명령문이 있습니다. 본 과에서는 2인칭 명령문을 다루겠습니다.

명령문은 동사의 3인칭 복수형에서 복수형 어미를 떼고 명령형 어미를 붙여 만듭니다. 대부분의 1식 동사에는 -й(те), 2식 동사에는 -и(те)가 붙습니다.

2인칭 단수 : дела(ют) + й/и → делай 해라

2인칭 복수(또는 윗사람) : дела(ют) + йте/ите → делайте 하세요

● 1식 동사 명령문

동사 원형	2인칭 단수 명령	2인칭 복수 명령
читать 읽다	читай! 읽어라	читайте! 읽으세요
играть 놀다	играй! 놀아라	играйте! 노세요
работать 일하다	работай! 일해라	работайте! 일하세요
гулять 산책하다	гуляй! 산책해라	гуляйте! 산책하세요

● 2식 동사 명령문

동사 원형	2인칭 단수 명령	2인칭 복수 명령
смотреть 보다	смотри! 봐라	смотрите! 보세요
говорить 말하다	говори! 말해라	говорите! 말씀하세요
купить 사다	купи! 사라	купите! 사세요
любить 사랑하다	люби! 사랑해라	любите! 사랑하세요

참고 공손하게 요청할 경우 пожалуйста를 함께 사용합니다. пожалуйста는 영어 please에 해당하는 표현입니다.

● 명령형의 완료상 – 불완료상

완료	불완료
·1회성 명령 Ты в магазине? Тогда купи сок и сыр. 너 가게에 있어? 그럼 주스랑 치즈 좀 사! Болит голова? Иди к врачу прямо сейчас! 머리가 아프다고? 지금 당장 병원에 가봐!	·일반적 명령이나 반복성이 있는 권유의 말 Покупайте продукты всегда в нашем магазине! 언제나 우리 가게에서 사세요! Ходите пешком! Это полезно для здоровья. 걸으세요! 건강에 좋습니다.
·부정 + 완료 동사 : 단순 경고 Ты ешь мороженое зимой? Не заболей! 겨울에 아이스크림을 먹는 거야? 아프면 안 돼! Опять в магазине? Не потрать все деньги! 또 마트야? 돈을 다 쓰면 안 돼!	·부정 + 불완료 동사 : 일반적 금지 Не курите в парке! 공원에서 담배 피우지 마세요. Не говорите громко, идёт экзамен! 시험 중! 크게 말하지 마세요!

〈 자주 쓰이는 명령형 문장 〉

Извините. 미안합니다.	Простите. 실례합니다.	Скажите. 말씀해주세요.
Идите. 오세요.	Входите. 들어오세요.	Не уходите. 가지 마세요.
Не забудьте. 잊지 마세요.	Дайте. 주세요.	Откройте. 열어 주세요.

연습문제

1. 다음 빈칸에 알맞은 단어를 〈보기〉에서 골라 쓰세요.

| 보기 |　пить　　друзья́ми　　кино́　　гото́вит　　с заку́сками　　в ба́ре

Приве́т! Я – Са́ймон. Я из А́нглии. Я рабо́таю и живу́ в Москве́. Я живу́ с _____ в кварти́ре. Э́то Андре́й и Алекса́ндр. Я ча́сто с ни́ми хожу́ в _____ и по́сле кино́ мы пьём пи́во _____. Иногда́ пьём _____, а иногда́ до́ма. Андре́й хорошо́ _____ и сего́дня он пригото́вил нам ку́рицу с овоща́ми. Мы лю́бим её есть с ке́тчупом. Серге́й лю́бит _____ тёмное пи́во с карто́шкой фри. У меня́ счастли́вая жизнь.

2. 윗글을 읽고, 다음 질문에 답하세요.

(1) С кем Са́ймон живёт?

　① с роди́телями　　　② с жено́й

　③ с друзья́ми　　　　④ с нача́льником

(2) Что Са́ймон лю́бит де́лать?

　① ходи́ть в кино́　　　② игра́ть в футбо́л

　③ чита́ть кни́ги　　　④ пить во́дку

(3) Что Андре́й пригото́вил сего́дня?

　① па́сту с ку́рицей　　② котле́ты с овоща́ми

　③ ку́рицу с овоща́ми　④ сала́т с креве́тками

단어 Англия 영국　бар 배(술집)　закуски 안주(반찬)　курица 닭고기　овощи 채소　кетчуп 케첩　пиво 맥주
картошка фри 감자튀김　счастливый 행복한　водка 보드카　паста 파스타　котлеты 햄버그 스테이크　салат 샐러드

3. 괄호 안에 알맞은 단어를 고르세요.

(1) Я работаю с (начальником, коллеги) на работе.

(2) Не (курите, покурите) в парке!

(3) Мы хотим кофе с (сахаром, сахар).

4. 주어진 단어를 알맞은 형태로 바꾸어 빈칸에 쓰세요.

(1) Анна любит готовить салат с _____ . (грибы)

(2) Я рисую картину _____ . (краски)

(3) Я хочу пойти в кино с _____ . (ты)

5. 다음 문장을 러시아어로 쓰세요.

(1) 세르게이는 버섯 파스타를 먹었습니다.   ➡ _____

(2) 파일을 전해주세요.   ➡ _____

6. 대화를 듣고 질문에 답하세요.

🎧 13-3

(1) 두 사람의 관계는 무엇인가요?
① 환자 – 의사   ② 학생 – 선생님   ③ 직원 – 상사   ④ 카페 직원 – 고객

(2) 손님이 무엇을 주문했나요?
① 샐러드   ② 커피   ③ 스테이크   ④ 탄산수

단어 краски 물감

🎧 13-4

조격을 이용한 다양한 표현

① 음료/음식 + c + 재료/첨가물(조격) : ~이 들어간 ○○

чёрный чай с сахаром	설탕 넣은 홍차
зелёный чай с молоком	우유 넣은 녹차
кофе со льдом	얼음 들어간 커피
кола/спрайт/лимонад со льдом	얼음 넣은 콜라/스프라이트/레모네이드
вода с газом	탄산수
салат с курицей	닭고기 샐러드
стейк с овощами	야채 곁들인 스테이크
паста с грибами	버섯(이 들어간) 파스타

비교 без + 재료/첨가물(생격) ~를 뺀   без сахара 설탕을 뺀   безо льда 얼음을 뺀

② c + 기념일(조격) ~을 축하합니다

С Новым годом!	새해를 축하해요!	С рождением ребёнка!	아이의 탄생을 축하해요!
С Рождеством!	성탄절을 축하해요!	С новосельем!	이사를 축하해요!
С днём женщин!	여성의 날을 축하해요!	С новым учебным годом!	새학기 시작을 축하해요!
С днём рождения!	생일을 축하해요!	С окончанием учёбы!	졸업을 축하해요!

러시아의 기념일

Новый год 새해(1월 1일)

Рождество 성탄절(1월 7일)[1]

День защитника Отечества
국군의 날(2월 23일)

Международный женский день 여성의 날(3월 8일)[2]

День труда 노동절(5월 1일)

День Победы 전승기념일(5월 9일)[3]

День России 러시아의 날(6월 12일)

[1] 러시아는 러시아 정교회라는 고유 종교가 있으며 종교회 달력에 의해 성탄절이 유럽과 다릅니다.

[2] 러시아에서는 '여성의 날'을 성대하게 축하하고 국가 공휴일로 지정하여 휴가를 즐깁니다. 여성에게 꽃이나 선물을 주며,
　"С 8(Восьмым) марта!"라고 축하 인사를 하기도 합니다.

[3] '전승기념일'은 러시아가 2차 세계대전에서 승리한 날입니다.

연습문제 **정답**

1.

> Приве́т! Я – Са́ймон. Я из А́нглии. Я
> рабо́таю и живу́ в Москве́. Я живу́ с
> друзья́ми в кварти́ре. Э́то Андре́й и
> Алекса́ндр. Я ча́сто с ни́ми хожу́ в кино́
> и по́сле кино́ мы пьём пи́во с заку́сками.
> Иногда́ пьём в ба́ре, а иногда́ до́ма. Андре́й
> хорошо́ гото́вит и сего́дня он пригото́вил
> нам ку́рицу с овоща́ми. Мы лю́бим её есть с
> ке́тчупом. Серге́й лю́бит пить тёмное пи́во
> с карто́шкой фри. У меня́ счастли́вая жизнь.
>
> 안녕, 나는 사이먼이야. 나는 영국에서 왔어(영국 사람
> 이야). 나는 모스크바에서 살면서 일하고 있어. 나는 친
> 구들과 아파트에서 살고 있어. 친구들은 안드레이와 알
> 렉산드르야. 나는 그들과 함께 영화를 보고 영화가 끝
> 나면 안주를 곁들여 맥주를 마시지. 바에서 마시기도
> 하고 집에서 마시기도 해. 안드레이는 요리를 잘해. 오
> 늘은 그가 우리에게 닭고기 야채볶음을 해줬어. 우리는
> 닭고기를 케첩에 발라 먹는 걸 좋아해. 세르게이는 흑
> 맥주를 감자튀김과 먹는 걸 좋아하지. 나는 행복한 삶
> 을 살고 있어(직역: 나에게 행복한 삶이 있어).

2.

(1) 사이먼은 누구와 사나요? (조격 확인 문제)

① 부모님과　　　　② 아내와

③ 친구들과　　　　④ 상사와

(2) 사이먼은 무엇을 하는 것을 좋아하나요?

① 영화 보기　　　　② 축구 하기

③ 책 읽기　　　　④ 보드카 마시기

(3) 안드레이는 오늘 무엇을 만들었나요?

① 치킨 파스타　　　② 야채를 곁들인 커틀렛

③ 채소를 곁들인 치킨　④ 새우 샐러드

3.

(1) 나는 직장에서 상사와 일한다. (нача́льником, 조격)

(2) 공원에서 담배를 피우지 마세요!

(ку́рите, 일반적 금지는 불완료형 사용)

(3) 우리는 설탕을 탄 커피를 원해요. (са́харом, 조격)

4.

(1) А́нна лю́бит гото́вить сала́т с
гриба́ми. 안나는 버섯 샐러드 만들기를 좋아해요.

(2) Я рису́ю карти́ну кра́сками.
나는 물감으로 그림을 그린다.

(3) Я хочу́ пойти́ в кино́ с тобо́й.
나는 너와 함께 영화 보러 가고 싶다.

5.

(1) Серге́й ел па́сту с гриба́ми.

(2) Переда́йте файл, пожа́луйста!

6. [MP3 **13–3**]

> W: Что бу́дете?
> M: Ко́фе с са́харом, пожа́луйста!
> W: Хорошо́, вот ваш ко́фе с са́харом!
> M: Спаси́бо!
>
> W: 무엇을 드시겠어요?
> M: 설탕이 들어간 커피 주세요.
> W: 알겠습니다. 여기 설탕 넣은 커피 나왔습니다.
> M: 고맙습니다.

(1) ④　　　　(2) ②

Сколько это стоит?

이것은 얼마인가요?

주요 문법

- 재귀동사 • '좋아하다' 구문 • 수사 – 기수 • 기수 활용

А́нна	Минсу! Спаси́бо за пода́рок.
	Мне он о́чень нра́вится.
Ми́нсу	С днём рожде́ния!① Вы роди́лись в ма́е!
А́нна	Да, май – это са́мый краси́вый ме́сяц в году́.
Ми́нсу	Согла́сен!
А́нна	Хочу́ пригласи́ть Вас на свой день рожде́ния.
Ми́нсу	Я с удово́льствием② приду́.
	Когда́ бу́дет у́жин?
А́нна	В 7 часо́в, норма́льно?
Ми́нсу	Договори́лись!

💬 **해석**

안나: 민수 씨, 선물 고맙습니다. 정말 마음에 들어요.
민수: 생일 축하해요! 5월에 태어나셨군요.
안나: 네, 5월은 1년 중 아름다운 달이에요.
민수: 저도 그렇게 생각해요.
안나: 제 생일 식사에 초대하고 싶어요.
민수: 당연히 가야죠. 저녁식사가 언제인가요?
안나: 7시예요, 괜찮아요?
민수: 그렇게 하죠!

① "생일 축하해요"라는 표현입니다. 구어체에서는 보통 '축하하다'라는 동사 поздравля́ть를 생략합니다.

② с удово́льствием은 자주 나오는 조격 표현으로, '기꺼이', '만족하며'라는 뜻입니다.

☐ спаси́бо за + 대격 ~에 고마워요
☐ 여격 + нра́виться ~에게 맘에 들다
☐ поздравля́ть с + 조격 축하하다
☐ день рожде́ния 생일

☐ приглаша́ть в, на + 대격 ~에 초대하다
☐ с удово́льствием (с + 조격) 기꺼이

☐ договори́ться 약속하다

🎧 14-2

Фёдор	Ми́на! Посмотри́ на① э́ту фле́шку! Как краси́во!
Ми́на	Да, как аксессуа́р, ско́лько она́ сто́ит? Недо́рого?
Фёдор	50 до́лларов, но сейча́с в э́том магази́не больша́я распрода́жа.
Ми́на	Пра́вда? Ско́лько проце́нтов?
Фёдор	50 проце́нтов.
Ми́на	Како́й у неё объём?
Фёдор	Мину́ту. Вот объём 32 гигаба́йта. Норма́льно.
Ми́на	Тогда́ не ку́плю. Объём сли́шком ма́ленький.
Фёдор	Ещё посмотри́!

💬 **해석**

표도르: 미나! 이 USB 좀 봐! 진짜 화려하다.

미나: 꼭 장신구 같아. 얼마야? 비싸지 않아?

표도르: 50달러인데 이 가게에서 지금 할인 행사를 하고 있어.

미나: 정말? 몇 퍼센트 할인되지?

표도르: 50 퍼센트.

미나: 용량은 얼마나 되지?

표도르: 기다려 봐. 32기가바이트 네. 괜찮네.

미나: 그러면 안 살래. 용량이 너무 작아.

표도르: 더 둘러봐.

---

① 이 문장에서 'смотреть на + 대격' (보다) 표현은 'USB (외관)을 보라'는 뜻입니다. 전치사 на 없이 смотреть флешку는 'USB 안에 있는 내용(파일, 사진 등)을 확인하라'는 뜻입니다.

☐ фле́шка USB   ☐ распрода́жа 세일   ☐ объём 용량
☐ аксессуа́р(ы) 액세서리   ☐ проце́нт(ы) 퍼센트   ☐ гигаба́йт(ы) 기가바이트(GB)
☐ недо́рого 비싸지 않은

문법

Ⓐ 재귀동사

재귀동사는 타동사에 어미 -ся 또는 -сь가 붙어 자동사가 된 형태입니다. 참고로, -ся는 재귀대명사 себя(자신)의 준말입니다. 재귀동사는 자동사이기 때문에 뒤에 목적어(대격)를 취하지 않으며, 여격 이나 조격 또는 전치사구만 올 수 있습니다.

재귀동사 인칭별 변화: 재귀동사의 인칭별 변화 형태는 일반동사의 인칭별 변화 형태에 -ся을 붙인 형태 입니다. 단 1인칭 단수와 2인칭 복수 같이 변화 어미가 모음일 경우에는 -ся → -сь로 변합니다.

● встречаться (만나다) 동사의 인칭 변화

я	встречаюсь	мы	встречаемся
ты	встречаешься	вы	встречаетесь
он(она, оно)	встречается	они	встречаются

재귀동사는 행위가 영향을 미치는 대상에 따라 다음과 같이 구분할 수 있습니다.

● 순수 재귀동사

행위가 주어 자신에게 돌아오는 동사를 말합니다.

мыть – мыться 씻기다 – 세수하다

родить – родиться 낳다 – 태어나다

купать – купаться 물놀이 하며 씻기다 – 물놀이하다

одевать – одеваться 입히다 – 입다

прятать – прятаться 숨기다 – 숨다

Бабушка моет внука. 할머니가 손자를 씻긴다.

vs. Внук моется. 손자가 세수한다.

Мать одевает девочку. 엄마가 딸에게 옷을 입힌다.

vs. Девочка одевается. 여자 아이가 옷을 입는다.

Женщина родила ребёнка. 여자가 아기를 낳았다.

vs. Ребёнок родился вчера. 아이가 어제 태어났다.

Ребёнок всегда прячет игрушки. 아기는 항상 장난감을 숨긴다.

vs. Ребёнок прячется в углу. 아기가 구석에 숨어있다.

Я купаю ребёнка в ванне. 나는 욕조에서 아기를 씻긴다.

vs. Ребёнок купается в море. 아기가 바다에서 물놀이한다.

● 상호 재귀동사

'~와 만나다', '~와 싸우다' 등 행위가 상호간에 영향을 미치는 동사를 말합니다. 대부분 '~와 함께'라는 뜻의 '전치사 с + 대상(조격)' 구문과 함께 쓰입니다.

(불완료상 – 완료상)

видеться – увидеться 보다	встречаться – встретиться 만나다
договариваться – договориться 약속하다	знакомиться – познакомиться 알게 되다
мириться – помириться 화해하다	ссориться – поссориться 싸우다
прощаться – проститься 작별하다	

Я встречаюсь с подругой. 나는 친구와 만난다.

Мы с ней давно не виделись. 우리는 서로 오랫동안 못 봤다.

Я договорилась встретиться с подругой в парке.
나는 여자친구와 공원에서 만나기로 약속했다.

Скоро увидимся! 곧 만나요!

Я познакомился с ней на конференции. 나는 그녀와 컨퍼런스에서 알게 되었다.

Анна поссорилась со своей сестрой. 안나는 자신의 언니와 다투었다.

Вчера она с ним помирилась. 어제 그녀는 그와 화해했다.

Мы с друзьями простились. 우리는 친구들과 작별했다.

● 수동 재귀동사

수동의 의미를 가지는 동사를 말합니다.

строить – строиться 짓다 - 지어지다	открыть – открыться 열다 - 열리다

Я строю дом. 나는 집을 짓는다.

vs. Дом строится. 집이 지어지고 있다.

Я открываю дверь женщинам. 나는 여자에게 문을 열어준다.

vs. Дверь открывается. 문이 열린다.

B '좋아하다' 구문

$$A + \text{нравиться} + B : \text{A가 B를 좋아하다}$$
(여격)　　　　　　　　(주격)

'A는 B를 좋아하다'를 러시아어로는 재귀동사 **нравиться**를 사용하여 'A에게 B가 마음에 들다'로 표현합니다. 즉, 좋아하는 대상(B)이 주어(주격)가 되며, 좋아하는 주체(A)는 간접목적어(여격)가 되는 형식입니다.

Мне **нравится моя работа.** 나는 내일을 좋아한다. (나에게 내 일이 마음에 든다)

Ему **нравится новая машина.** 그는 새 차를 좋아한다. (그에게 새 차가 마음에 든다)

нравиться 동사는 주어(좋아하는 대상)의 인칭과 수에 따라 다음과 같이 변화합니다.

	단수	복수
1인칭	нравлюсь	нравимся
2인칭	нравишься	нравитесь
3인칭	нравится	нравятся

Я ему **нравлюсь.** 그는 나를 좋아한다. (그에게는 내가 마음에 든다)

Мы ей **нравимся.** 그녀는 우리를 좋아한다. (그녀에게는 우리가 마음에 든다)

Моему другу **нравится мой подарок.**
내 친구는 내 선물을 좋아한다. (내 친구에게 내가 준 선물이 마음에 든다)

Студентам **нравится этот урок.** 학생들은 이 수업을 좋아한다. (학생들에게 이 수업이 마음에 든다)

Детям **нравится сладкое.** 아이들은 단것을 좋아한다. (아이들에게 단것이 마음에 든다)

참고 각 단어는 '격'으로 자신의 역할을 보여주기 때문에 어순은 자유롭습니다.

● ～하기를 좋아하다 : **нравиться** + 동사원형

'～하기를 좋아하다'는 **нравиться** 뒤에 동사의 원형을 씁니다. 이때 **нравиться** 동사는 3인칭 단수형을 씁니다.

Мне **нравится играть в футбол.** 나는 축구 하기를 좋아한다.

Антону **нравится плавать.** 안톤은 수영하기를 좋아한다.

ⓒ 수사 – 기수

🎧 14-3

수사는 10 품사 중 하나로 개수(기수), 순서(서수), 양(불특정 기수) 등을 말할 때 사용합니다. 본 과에서는 기수를 먼저 다루겠습니다. 기수는 보통 뒤에 오는 명사의 성, 수, 격의 지배를 받습니다.

개수를 물을 때는 의문사 сколько(얼마나, 몇 개의)를 사용합니다.

1	оди́н	11	оди́ннадцать	30	три́дцать	400	четы́реста
2	два	12	двена́дцать	40	со́рок	500	пятьсо́т
3	три	13	трина́дцать	50	пятьдеся́т	600	шестьсо́т
4	четы́ре	14	четы́рнадцать	60	шестьдеся́т	700	семьсо́т
5	пять	15	пятна́дцать	70	се́мьдесят	800	восемьсо́т
6	шесть	16	шестна́дцать	80	во́семьдесят	900	девятьсо́т
7	семь	17	семна́дцать	90	девяно́сто	1000	ты́сяча
8	во́семь	18	восемна́дцать	100	сто	백만	миллио́н
9	де́вять	19	девятна́дцать	200	две́сти	10억	миллиа́рд
10	де́сять	20	два́дцать	300	три́ста	1조	триллио́н

기수는 1~20까지 고유의 숫자가 있습니다. 21부터는 아래와 같은 형식으로 씁니다.

- 21 : 20+1 два́дцать оди́н
- 34 : 30+4 три́дцать четы́ре
- 42 : 40+2 со́рок два
- 69 : 60+9 шестьдеся́т де́вять
- 111 : 100+11 сто оди́ннадцать
- 139 : 100+30+9 сто три́дцать де́вять
- 498 : 400+90+8 четы́реста девяно́сто во́семь
- 1988 : 1000+900+80+8 ты́сяча девятьсо́т во́семьдесят во́семь
- 2018 : 2000+18 две ты́сячи восемна́дцать

● 용법

① 1은 뒤에 오는 명사의 성, 수, 격에 따라 다음과 같이 형태가 변화합니다.

оди́н(남성)	**одно́**(중성)	**одна́**(여성)	**одни́**(복수)

оди́н галстук 넥타이 한 개

одно́ окно́ 창문 한 개

одна́ доро́га 길 한 개

одни́ очки́＊ 안경 한 개

＊ 안경, 가위, 시계 등은 항상 복수형으로 쓰는 단어입니다.

② 2는 뒤에 오는 명사의 성에 따라 다음과 같이 형태가 변화합니다. 이때 뒤에 오는 명사의 형태는 단수 생격이 옵니다. (명사의 형태는 ③번 참조)

два(남성, 중성)	две(여성)
два мальчика 소년 두 명	две девушки 아가씨 두 명
два сына 아들 둘	две дочери 딸 둘

③ 일의 자리의 숫자가 2~4일 때, 뒤에 오는 명사는 단수 생격 형태가 오며, 2는 위와 같이 성에 따라 형태가 변화합니다. (12~14는 10+2,3,4 형태가 아니기 때문에 이 규칙이 적용되지 않고, 아래 ④번의 규칙이 적용됩니다.)

три урока 수업 3개   три книги 책 3권

четыре автобуса 버스 4대   четыре планеты 행성 4개

двадцать две собаки 강아지 22마리   сорок четыре машины 차 44대

④ 5 이상의 수 또는 일의 자리의 숫자가 5일 때, 뒤에 오는 명사는 복수 생격으로 옵니다.

пять тигров 호랑이 5마리   шесть зданий 건물 6채

триста пятьдесят шесть дней 365일

다음은 기수에 따른 단위의 격변화입니다.

숫자	명사의 격	해, 년	시(간)	분	달러	루블	원	바이트
1	단수 주격	год	час	минута	доллар	рубль	вона	байт
2, 3, 4	단수 생격	года	часа	минуты	доллара	рубля	воны	байта
5 이상	복수 생격	лет	часов	минут	долларов	рублей	вон	байтов

один час [아진 차스] 1시   два часа́ [드바 치싸] 2시   пять часо́в [빠찌 치쏘프] 5시

Ⓓ 기수 활용

● 나이 묻고 답하기

생물의 나이 또는 무생물의 수명이나 기간 등을 물을 때, 대상은 여격으로 표기합니다.

Сколько + 대상(여격) + лет?	~은 몇 살인가요?
얼마나 해, 년	

문법상 어순은 위와 같으나 구어체에서는 어순이 자유롭습니다.

A: Сколько тебе лет? 넌 몇 살이니?

B: Мне 24 года. 나는 24살이야.

A: Сколько этому городу лет? 이 도시는 생긴 지 얼마나 되었나요?

B: Ему 6 лет. 6년 되었어요.

● 가격 묻고 답하기

Сколько + это + 대상(주격) + стоит?	이 OO은 얼마인가요?
얼마 이 OO 값이 나가다	

문법상 어순은 위와 같으나 구어체에서는 어순이 자유롭습니다.

A: Сколько стоит это платье? 이 드레스가 얼마예요?

B: 50 долларов. 50달러입니다.

A: Сколько стоят эти очки? 이 안경이 얼마예요?

B: 2500 рублей. 2500루블입니다.

● 시간 묻고 답하기

Сколько сейчас времени?	지금 몇 시입니까?
얼마 지금 시간	

A: Сколько сейчас времени? 지금 몇 시예요?

B: (Сейчас) 3 часа 15 минут. 3시 15분입니다.

A: Сколько это времени? 지금 몇 시예요?

B: (Сейчас) Час. 1시입니다.

* '1시'일 때는 1에 해당하는 один은 생략됩니다.

연습문제

1. 다음 빈칸에 알맞은 단어를 〈보기〉에서 골라 쓰세요.

| 보기 | очки́ друзья́ми нра́вится рубле́й купи́ть шо́пинг договори́лись |

Сего́дня выходно́й день, воскресе́ние. Мы _____ встре́титься с _____ и пойти́ в универма́г ГУМ. В универма́ге ра́зные магази́ны и рестора́ны. Вот э́то – мой спи́сок поку́пок. Я хочу́ _____ журна́л «Космопо́литан». Мне _____ э́тот журна́л. Он сто́ит 250 _____. Э́то немно́го до́рого, но там мно́го поле́зной информа́ции. А пото́м я куплю́ тёмные _____. Они́ сто́ят 1500 рубле́й. О́чень до́рого, но у меня́ есть купо́ны, и бу́дет больша́я ски́дка. Мне так нра́вится _____.

* универнимаг ГУМ 굼 백화점(모스크바에 있는 국영 백화점)

2. 위 글을 읽고, 다음 질문에 답하세요.

(1) Како́й сего́дня день?

　① рабо́чий день 　　　② суббо́та

　③ выходно́й день 　　④ пра́здник

(2) Что я де́лаю сего́дня?

　① пойти́ в кино́ 　　　② потанцева́ть

　③ встре́титься с друзья́ми 　④ пойти́ в це́рковь

(3) Что я хочу́ купи́ть в универма́ге?

　① купо́ны 　　　　　② очки́

　③ журна́л 　　　　　④ джи́нсы

단어 выходной день 휴일　список 목록　покупка 쇼핑　полезный 유용한　тёмные очки 선글라스　купон 쿠폰　скидка 할인
пра́здник 기념일　потанцева́ть 춤추다(완료)　пойти в церковь 교회 가다　джинсы 청바지

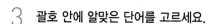

3. 괄호 안에 알맞은 단어를 고르세요.

(1) Я люблю заниматься (спортом, музыку).

(2) Мне (нравится, нравятся) этот балет.

(3) Сколько (тебя, тебе) лет?

4. 주어진 단어를 알맞은 형태로 바꾸어 빈칸에 쓰세요.

(1) Молоко стоит 35 _____ . (рубль)

(2) Объём этой флешки 32 _____ . (гигабайт)

(3) Сейчас 8 _____ . (час)

5. 다음 문장을 러시아어로 쓰세요.

(1) 나는 이 케익이 마음에 듭니다.　➡　_____

(2) 이 시계는 45달러입니다.　➡　_____

(3) 우리는 22살입니다.　➡　_____

🎧 14-4

6. 대화를 듣고 질문에 답하세요.

(1) 이들은 몇 시에 만나기로 했나요?
　① 1시　　② 2시　　③ 3시　　④ 12시

(2) 지금은 몇 시인가요?
　① 2시　　② 3시　　③ 4시　　④ 12시

추가 어휘

계절과 달

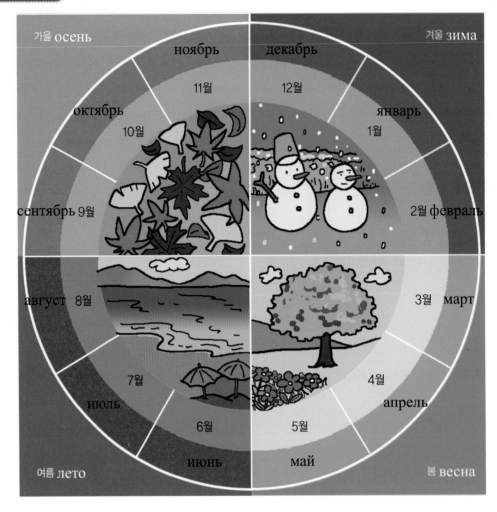

* 러시아어에서는 달의 첫 글자를 대문자로 쓰지 않아도 됩니다.

하루의 때

утро	아침	завтрак	아침 식사
день	낮	обед	점심 식사
вечер	저녁	ужин	저녁 식사
ночь	밤	ночная еда	야식

연습문제 정답

1.

> Сегодня выходной день, воскресение. Мы договорились встретиться с друзьями и пойти в универмаг ГУМ. В универмаге разные магазины и рестораны. Вот это — мой список покупок. Я хочу купить журнал «Космополитан». Мне нравится этот журнал. Он стоит 250 рублей. Это немного дорого, но там много полезной информации. А потом я куплю тёмные очки. Они стоят 1500 рублей. Очень дорого, но у меня есть купоны, и будет большая скидка. Мне так нравится шопинг.
>
> 오늘은 휴일, 일요일이다. 우리는 친구들과 굼 백화점에 가기로 약속했다. 백화점에는 여러 가지 상점과 식당이 있다. 여기 나의 쇼핑 리스트가 있다. 나는 ≪코스모폴리탄≫ 잡지를 사고 싶다. 나는 이 잡지를 좋아한다. 잡지는 250루블이다. 조금 비싸긴 하지만 유용한 정보가 많이 있다. 그리고 선글라스를 살 것이다. 1500루블이다. 매우 비싸지만 쿠폰이 있어 할인을 많이 받을 수 있다. 나는 쇼핑이 맘에 든다.

2.

(1) 오늘은 어떤 날인가요?

　　① 평일(근무일)　　② 토요일

　　③ 휴일　　　　　④ 명절(기념일)

(2) 오늘 나는 무엇을 할 예정인가요?

　　① 영화 보러 가기　　② 춤추기

　　③ 친구 만나기　　　④ 교회 가기

(3) 나는 백화점에서 무엇을 사고 싶은가요?

　　① 쿠폰　　② 안경　　③ 잡지　　④ 청바지

3.

(1) 나는 운동하는 것을 좋아합니다.

　　(спортом – 조격)

(2) 나는 발레를 좋아합니다.

　　(нравится – 단수)

(3) 너는 몇 살이니? (тебе – 여격)

4.

(1) Молоко стоит 35 рублей.

　　우유가 35루블이다. (5 이상의 숫자 – 복수 생격)

(2) Объём этой флешки 32 гигабайта.

　　이 USB의 용량은 32기가바이트이다.
　　(끝에 숫자가 2 – 단수 생격)

(3) Сейчас 8 часов.

　　지금은 8시다. (5 이상의 숫자 – 복수 생격)

5.

(1) Мне нравится этот торт.

(2) Эти часы стоят 45 долларов.

(3) Нам 22 года.

6. [MP3 14–4]

> M: Анна, ты где? Я тут в кинотеатре, жду тебя!
>
> W: Иду-иду! Вышла из метро. Сколько сейчас времени?
>
> M: Уже 2 часа. Мы договорились в час!
>
> W: Извини, я вижу тебя!
>
> M: 안나, 너 어디야? 나 극장이야. 너 기다리고 있어.
> W: 가고 있어. 지하철에서 내렸어. 지금 몇 시지?
> M: 벌써 두 시야. 우리 한 시에 만나기로 했잖아!
> W: 미안해. 너 보인다.

(1) ①　　　　(2) ①

Я могу предложить этот шарф.

나는 이 스카프를 권해드릴 수 있어요.

주요 문법

● 가능, 허락 표현 ● 부정 생격 ● 부사

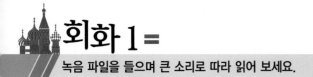

🎧 15-1

Минсу́	Алло́, А́нна, когда́ начнётся конфере́нция?
А́нна	Она́ начнётся в 2 часа́.
Минсу́	Есть места́ в за́ле?
А́нна	Да, немно́го мест оста́лось.
Минсу́	Мо́жно войти́ в зал по́сле двух часо́в?
А́нна	Да, мо́жно.
Минсу́	Я постара́юсь прие́хать вовре́мя на конфере́нцию.
А́нна	Не спеши́те, пожа́луйста.

💬 **해석**

민수: 여보세요, 안나 씨, 컨퍼런스가 몇 시에 시작하지요?
안나: 2시에 시작됩니다.
민수: 행사장에 자리가 있나요?
안나: 네, 약간 남아 있어요.
민수: 2시 이후에 들어가도 될까요?
안나: 네 들어오셔도 됩니다.
민수: 제시간에 가도록 노력하고 있어요.
안나: 서두르지 마세요.

- □ конфере́нция 컨퍼런스
- □ начина́ться–нача́ться (불–완) 시작되다
- □ немно́го 조금(일부)
- □ оставаться–оста́ться (불–완) (남다)
- □ входи́ть–войти́ в зал (불–완) 행사장으로 들어가다
- □ по́сле 2 часо́в 2시 이후에 (по́сле + 생격 ~후에)
- □ стара́ться–постара́ться (불–완) 노력하다
- □ во́время 제시간에
- □ спеши́ть 서두르다

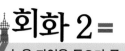

회화 2

녹음 파일을 들으며 큰 소리로 따라 읽어 보세요.

Фёдор	Мо́жно зада́ть вопро́с?
Консульта́нтка	Коне́чно! Чем я могу́ помо́чь?
Фёдор	Ско́ро у мое́й ма́мы день рожде́ния. Не зна́ю, что ей подари́ть.
Консульта́нтка	Пода́рок на день рожде́ния ма́мы? Ско́лько ей лет?
Фёдор	Ей 56 лет. Она́ ху́денькая.
Консульта́нтка	Могу́ предложи́ть э́тот шарф и ту́фли.
Фёдор	Ей они́ о́чень пойду́т. Мо́жете упакова́ть?
Консульта́нтка	Коне́чно, могу́.

💬 **해석**

표도르: 물어봐도 될까요?

직원: 물론이죠! 무엇을 도와드릴 까요?

표도르: 곧 엄마 생신인데요, 무 엇을 선물할지 모르겠어요.

직원: 어머니 생신 선물이요? 엄마 연세가 어떻게 되세요?

표도르: 56세요, 마르셨어요.

직원: 이 스카프와 구두를 권해드 릴 수 있겠네요.

표도르: 엄마에게 아주 잘 어울리 겠어요, 포장해 주실 수 있나요?

직원: 당연히 할 수 있지요.

□ зада́ть вопро́с 질문하다
□ подари́ть 선물하다
□ пода́рок на день рожде́ния 생일선물

□ ху́денький 마른
□ предложи́ть 권하다, 제안하다
□ шарф 스카프

□ ту́фли 구두
□ упакова́ть 포장하다

Ⓐ 가능, 허락 표현

мочь는 '~할 수 있다'라는 가능을 나타내며 조동사의 기능을 하기 때문에 뒤에 동사 원형이 옵니다.

⑴ мочь 동사

현재				과거		
단수		복수		단수		복수
я	могу	мы	можем	남성	мог	
ты	можешь	вы	можете	여성	могла	могли
он/она	может	они	могут	중성	могло	

* мочь 동사는 불완료 동사이고, 완료 동사는 смочь입니다.

Я могу подождать тебя. 나는 너를 기다릴 수 있어.

Ты можешь мне помочь? 나를 도와줄 수 있겠니?

⑵ 허락과 금지 можно와 нельзя

술어 можно는 '~해도 되나요?'라고 허락을 구할 때 쓰는 표현입니다. '해도 된다'는 긍정의 표현은
можно, '안 된다'는 부정의 표현은 нельзя를 사용합니다. 뒤에는 반드시 동사 원형이 오고 주어는
여격으로 씁니다.

A: (Мне) можно войти? (내가) 들어가도 될까요?

B: Да, можно 네, 됩니다. / Нет, нельзя. 아니요, 안 됩니다.

* 주어는 써도 되지만 일반적으로는 생략합니다.

Ⓑ 부정 생격

어떤 대상의 존재를 부정할 때, 그 대상은 생격으로 나타냅니다.

У меня хороший аппетит. 나는 입맛이 좋다.

vs. У меня нет аппетита. 나는 입맛이 없다.

A: Билеты есть? 표가 있어요?　　　B: Нет билетов. 표가 없습니다.

Вчера быль дождь, а сегодня нет дождя. 어제는 비가 왔지만, 오늘은 비가 안 온다.

단 어　ждать 기다리다　войти (안으로) 들어가다　курить 흡연하다　аппетит 입맛　сила 힘　билет 표

C 부사

형용사의 어미를 떼고 -o를 붙이면 부사가 됩니다.

как(ой) → как 어떻게   хорош(ий) → хорошо 좋게

плох(ой) → плохо 나쁘게   холодн(ый) → холодно 춥게

жарк(ий) → жарко 덥게

부사는 다음과 같은 역할을 합니다.

(1) 동사 수식

Он хорошо говорит по-русски. 그는 러시아어를 잘 합니다.

Повар вкусно готовит еду. 요리사가 맛있게 요리합니다.

Бриллиант очень дорого стоит. 다이아몬드는 매우 비싸다.(직역: 비싸게 가격이 나간다)

(2) 술어

문장에서 부사가 동사 역할을 할 때가 있는데, 이런 경우, 주어의 격은 문장에 따라 다양합니다.

A: Как Вы? 당신은 어떻게 지내세요?

B: У меня всё хорошо. 저는 다 좋습니다.

A: Тебе холодно? 너는 춥니?

B: Нет, мне жарко. 아니. 나는 더워.

Осенью прохладно. 가을에는(조격) 시원하다.

Верно. (니가) 맞아.

Понятно. 알겠어. (이해했어.)

단어 повар 요리사 бриллиант 다이아몬드

연습문제

1. 다음 빈칸에 알맞은 단어를 〈보기〉에서 골라 쓰세요.

| 보기 | нельзя́   весно́й   жа́рко   снег   зимо́й   мо́гут

Четы́ре сезо́на и пого́да

_____ тепло́. Лю́ди _____ гуля́ть в па́рке и в саду́. А ле́том о́чень _____ . У люде́й ле́тний о́тпуск. Лю́ди выезжа́ют на мо́ре и́ли ре́ки. О́сенью прохла́дно. О́сень – о́чень краси́вый сезо́н. _____ хо́лодно. В Москву́ прихо́дят моро́зы. Зимо́й температу́ра обы́чно ми́нус 10~15 гра́дусов. Ча́сто идёт _____ . Лю́дям _____ легко́ одева́ться.

2. 위 글을 읽고, 다음 질문에 답하세요.

(1) Что лю́ди мо́гут де́лать весно́й?

① тепло́ одева́ться   ② занима́ться йо́гой

③ идти́ к врачу́   ④ гуля́ть в па́рке

(2) Кака́я пого́да быва́ет зимо́й?

① жа́рко   ② тепло́   ③ хо́лодно   ④ прохла́дно

(3) Что лю́дям нельзя́ де́лать зимо́й по те́ксту?

① принима́ть лека́рство   ② быть до́ма

③ легко́ одева́ться   ④ купи́ть витами́ны

단어 сезон 계절   погода 날씨   гулять в парке 공원을 산책하다   в саду 정원에   летний 여름의(하계)   отпуск 휴가   прохладный 선선한
морозы 추위   температура 온도   минус 영하   градус 도(섭씨)   тепло одеваться 따뜻하게 입다   заниматься йогой 요가 하다
принимать лекарство 약을 복용하다   купить витамины 비타민을 사다   пешком 걸어서   дизайнер 디자이너
рисовать здание 건물을 디자인하다   супермаркет 슈퍼마켓

3. 괄호 안에 알맞은 단어를 고르세요.

   (1) Вам (можно, нельзя) курить.

   (2) Она (может, могут) идти к врачу пешком.

   (3) Дизайнер (хороший, хорошо) нарисовал здание.

4. 주어진 단어를 알맞은 형태로 바꾸어 빈칸에 쓰세요.

   (1) У Антона нет _____. (время)

   (2) В супермаркете нет _____. (продукты)

   (3) У нас в городе мало _____. (дети)

5. 다음 문장을 러시아어로 쓰세요.

   (1) 가도 될까요?   ➡ _____

   (2) 광장에 사람이 없다.   ➡ _____

   (3) 이 건물에 엘리베이터가 없네요. ➡ _____

   (4) 늦으면 안 됩니다.   ➡ _____

6. 대화를 듣고 질문에 답하세요.   🎧 15-3

   (1) 두 사람의 관계는 무엇인가요?

      ① 엄마와 딸   ② 아빠와 딸   ③ 친구와 친구   ④ 의사와 환자

   (2) 여자에게는 무엇이 없나요?

      ① 노트북   ② 태블릿 PC   ③ 컴퓨터   ④ 스마트폰

추가 어휘

의류 Одежда, 신발 обувь

🎧 15-4

пла́тье 드레스

сви́тер 스웨터

брю́ки 바지

ю́бка 치마

джи́нсы 청바지

блу́зка 블라우스

футбо́лка 티셔츠

шо́рты 반바지

пальто́ 외투

руба́шка 와이셔츠

трусы́ 팬티

носки́ 양말

колго́тки 스타킹

сапоги́ 부츠

ту́фли 구두

ша́пка 모자

ке́пка (챙이 달린) 모자

га́лстук 넥타이

шарф 목도리

연습문제 정답

1.

Четы́ре сезо́на и пого́да
Весно́й тепло́. Лю́ди мо́гут гуля́ть в па́рке и в саду́. А ле́том о́чень жа́рко. У люде́й ле́тний о́тпуск. Лю́ди выезжа́ют на мо́ре или ре́ки. О́сенью прохла́дно. О́сень – о́чень краси́вый сезо́н. Зимо́й хо́лодно. В Москву́ прихо́дят моро́зы. Зимо́й температу́ра обы́чно ми́нус 10~15 гра́дусов. Ча́сто идёт снег. Лю́дям нельзя́ легко́ одева́ться.

4계절과 날씨
봄에는 따뜻합니다. 사람들은 공원이나 정원을 산책할 수 있습니다. 여름에는 아주 덥습니다. 사람들은 여름 휴가를 갑니다. 사람들은 바다나 강으로 갑니다. 가을에는 시원합니다. 가을은 매우 아름다운 계절입니다. 겨울에는 춥습니다. 모스크바에는 추위가 찾아옵니다. 겨울에는 기온이 보통 영하 10~15도입니다. 눈이 자주 내립니다. 얇게 입고 다니면 안 됩니다.

2.

(1) 사람들은 봄에 무엇을 할 수 있나요?

　① 따뜻하게 입다　　② 요가를 하다

　③ 의사에게 가다　　④ 공원을 산책하다

(2) 겨울에는 날씨가 어떤가요?

　① 덥다　② 따뜻하다　③ 춥다　④ 시원하다

(3) 겨울에 하면 안 되는 것은 무엇인가요?

　① 약 먹기　　　　② 집에 있기

　③ 얇게 옷 입기　　④ 비타민 사기

3.

(1) 당신은 흡연하면 안 됩니다. (нельзя́)

(2) 그녀는 걸어서 의사에게 갈 수 있다. (мо́жет)

(3) 디자이너는 건물을 잘 설계했다. (хорошо́)

4.

(1) У Анто́на нет вре́мени. 안톤은 시간이 없다.

(2) В суперма́ркете нет проду́ктов.
슈퍼마켓에 물건이 없다.

(3) У нас в го́роде ма́ло дете́й.
우리 마을에 아이들이 적다.

5.

(1) Мо́жно идти́?

(2) На пло́щади нет люде́й.

(3) В э́том зда́нии нет ли́фта.

(4) Нельзя́ опа́здывать!

6. [MP3 15-3]

W: Па́па, у меня́ нет ноутбу́ка. Ты мо́жешь мне его́ купи́ть?

M: Та́ня, у тебя́ нет ноутбу́ка, но есть планше́т, компью́тер и смартфо́н. И что ещё?

W: Я́сно!

W: 아빠, 저 노트북이 없어요. 아빠가 사주시면 안 되나요?

M: 얘야, 노트북은 없지만 태블릿 PC도 있고 컴퓨터도 있고 스마트폰도 있고, 또 뭐가 있더라?

W: 알겠어요!

(1) ②　　　(2) ①

Это первый Новый год за рубежом.

해외에서 맞는 첫 번째 새해예요.

주요 문법

● 수사 – 서수 ● 날짜 표현 ● '아파요' 표현

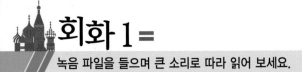

🎧 16-1

Áнна	Минсу! С Но́вым го́дом!
Минсу	Спаси́бо. С Но́вым го́дом!
Áнна	Как отмеча́ют① Но́вый год в Коре́е?
Минсу	Обы́чно лю́ди встреча́ют② Но́вый год с семьёй.
Áнна	Вы не пое́хали домо́й на③ Но́вый год?
Минсу	Да, я пригласи́л свою́ семью́ в Москву́.
Áнна	Здо́рово!
Минсу	Э́то наш пе́рвый Но́вый год за рубежо́м.

📋 **해석**

안나: 민수 씨, 새해 복 많이 받으세요.

민수: 고맙습니다. 안나 씨도요.

안나: 고맙습니다. 한국의 새해는 어때요?

민수: 보통 가족들과 새해를 맞이하죠.

안나: 민수 씨, 새해에 한국에 안 가셨네요?

민수: 네, 제가 가족들을 모스크바로 초대했어요.

안나: 멋져요.

민수: 우리 가족이 외국에서 보내는 첫 명절이에요.

① 'отмечать + 기념일'은 '~날을 기념하다'의 뜻입니다.

② 직역하면 '새해를 만나다'라는 의미로, '새해를 맞이하다'의 의미입니다.

③ 문맥에 따라, '설날' 자체에 초점을 맞추면 на Новый год(설날에)이고, 시점에 초점을 맞추면 в Новый год(새해 첫날에)입니다.

☐ **Новый год** 새해 ☐ **встречать Новый год** 새해를 맞이하다 ☐ **за рубежом** 해외에서

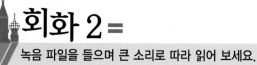

회화 2

녹음 파일을 들으며 큰 소리로 따라 읽어 보세요.

🎧 16-2

Фёдор	Ми́на! Как ты себя́ чу́вствуешь?
Ми́на	У меня́ температу́ра и боли́т голова́.
Фёдор	Ты ходи́ла к врачу́?
Ми́на	Да, я была́ у врача́. Не беспоко́йся!
Фёдор	Что он сказа́л?
Ми́на	Сказа́л, что я простуди́лась.
Фёдор	А лека́рство приняла́?
Ми́на	Да, уже́ приняла́, спаси́бо, Фёдор!

📑 **해석**

표도르: 미나, 컨디션이 좀 어때?
미나: 열도 나고 머리도 아파.
표도르: 병원에 가봤어?
미나: 응, 병원에 다녀왔어. 걱정하지 마.
표도르: 의사가 뭐라고 해?
미나: 감기에 걸렸대.
표도르: 약은 먹었어?
미나: 응 먹었어. 고마워, 표도르!

☐ как + 주어 + себя + чувствовать? (주어)의 컨디션이 어때요?

☐ температура 온도   ☐ ходить к врачу 진료 받다   ☐ простудиться 감기에 걸리다

☐ болеть 아프다   ☐ не беспокойся 걱정하지 마   ☐ лекарство 약

문법

A 수사 - 서수

🎧 16-3

서수사는 '날짜' 또는 '순서'를 나타내는 말입니다. 서수사의 어미는 형용사와 같이 -ый, -ой로 끝나고, 형용사처럼 뒤에 나오는 명사의 성과 수, 그리고 격에 따라 형태가 변합니다. 아래 표를 보고 어미의 유사함을 비교해보세요.

1	пе́рвый	11	оди́ннадцатый	20	двадца́тый	100	со́тый
2	второ́й*	12	двена́дцатый	30	тридца́тый	200	двухсо́тый
3	тре́тий	13	трина́дцатый	40	сороково́й	300	трехсо́тый
4	четвёртый	14	четырна́дцатый	50	пятидеся́тый	400	четырехсо́тый
5	пя́тый	15	пятна́дцатый	60	шестидеся́тый	500	пятисо́тый
6	шесто́й	16	шестна́дцатый	70	семидеся́тый	600	шестисо́тый
7	седьмо́й	17	семна́дцатый	80	восьмидеся́тый	700	семисо́тый
8	восьмо́й	18	восемна́дцатый	90	девяно́стый	800	восьмисо́тый
9	девя́тый	19	девятна́дцатый			900	девятисо́тый
10	деся́тый					1000	ты́сячный

중요! 서수 2, 6, 7, 8, 40은 어미가 -ой이며, 강세가 어미에 있습니다.

● 서수의 특징

1, 2를 제외한 나머지 서수는 기수와 유사하며 3의 어미만 특이하게 **-ий**로 끝납니다. **-ой**로 끝나는 서수는 모음 o에 강세가 옵니다. 두 자리 수 이상의 수는 앞자리는 기수로, 마지막 자리는 서수로 씁니다.

Шестьдесят третий этаж 63층 : 60(기수) + 3(서수)

Сто первое предложение 101번째 프러포즈 : 100(기수) + 1(서수)

Он – моя первая любовь. 그는 나의 첫 사랑이다.

B 날짜 표현

сегодня + 일(주격) + 월(생격) 오늘은 ○월 ○일입니다.		일(생격) + 월(생격) ○월 ○일에
A: Какое сегодня число? 오늘이 몇 월 며칠인가요? B: Сегодня восьмое <u>марта</u>. 오늘은 3월 8일입니다.		A: Когда Антон ей подарил цветы? 언제 안톤이 그녀에게 꽃을 선물했나요? B: Восьмого <u>марта</u>. 3월 8일에.

단어 этаж 층　предложение 제안

сегодня + 요일(주격) 오늘은 ○요일입니다.	в + 요일(대격) ○요일에
A: Какой сегодня день недели? 오늘이 무슨 요일인가요? B: Сегодня среда. 오늘은 수요일입니다.	A: Когда вы пойдёте к врачу? 언제 의사에게 갈 건가요? B: Я пойду к врачу в среду. 수요일에 의사에게 갈 거예요.

연도와 월도 마찬가지로 주격으로 대답하지만 특정 사건에 대해 말할 때는 전치격이 옵니다.

Этот год – год собаки. 올해는 개의 해이다.

В этом году родилась наша собака. 올해 강아지가 태어났다.

Март – весна. 3월은 봄이다.

В марте бывает фестиваль весны. 3월에 봄의 축제가 있다.

ⓒ '아파요' 표현

'아프다' 표현은 주어가 생물(사람, 동물)인 경우와 신체 부위(배, 머리 등)인 경우로 나뉩니다. '아프다' 동사는 болеть로 같지만 주어에 따라 인칭 변화도 다르고 문장 구조도 달라집니다.

● (신체 부위)가 아파요

> 전치사 y + 생격(누구) + 아프다 + 아픈 부위

이때 '아프다' 동사는 아픈 부위가 단수일 때는 болит, 복수일 때는 болят를 사용합니다.

У меня болит голова. 나는 머리가 아프다. 　　У ребёнка болят зубы. 아기가 이가 아프다.

● (사람, 동물)이 ~로/때문에 아파요

'아프다' 동사는 주어의 인칭에 따라 다음과 같이 변화하며, 아픈 원인(병명)은 조격으로 표현합니다.

я	ты	он(а)	мы	вы	они
боле́ю	боле́ешь	боле́ет	боле́ем	боле́ете	боле́ют

Пациент болеет (гриппом). 환자는 (독감으로) 아프다.

연습문제

1. 다음 빈칸에 알맞은 단어를 〈보기〉에서 골라 쓰세요.

| 보기 | интере́сная   первая   пе́рвый   отца́   вторая

Дорога́я ма́ма! Это Марсель. Как дела́? У меня́ всё хорошо́. Рабо́та _____ и колле́ги прия́тные. У меня новая квартира. Это уже _____ квартира. _____ тоже была хорошая, но слишком старая, и на улице было очень шумно. Вторая уютнее и чище. Мне она нравится. Мама, ско́ро но́вый год, а я не могу́ пое́хать домо́й. Это _____ но́вый год в Росси́и. Я хочу́ побы́ть в Москве́. Поэ́тому я хочу́ пригласи́ть тебя́, _____ и Вику в Москву́. Что скажешь? Жду отве́та.

2. 위 글을 읽고, 다음 질문에 답하세요.

(1) Кто написал это письмо?

① Антон   ② Минсу   ③ Анна   ④ Марсель

(2) Как у него дела?

① не хорошо   ② скучно   ③ хорошо   ④ плохо

3. 위 글을 읽고, 다음 질문에 '네/아니오'로 답하세요.

(1) Он будет в Коре́е на новый год.   ⇒ (да, нет)

(2) Он пригласи́л своих друзей.   ⇒ (да, нет)

(3) Он написал письмо своей маме.   ⇒ (да, нет)

단어   дорогая 사랑하는   интересный 흥미로운   уютный 편안한   чистый 깨끗한   побыть 있다, 체류하다   поэтому 그래서

4. 괄호 안에 알맞은 단어를 고르세요

(1) У него (болит, болеет) живот.

(2) У Антона болит (руки, голова).

(3) Анна болеет (гриппом, грипп).

5. 다음 문장을 러시아어로 쓰세요.

(1) 새해 복 많이 받으세요.　　　　➡ _____

(2) 그녀는 나의 첫 사랑이다.　　　➡ _____

(3) 내 자리는 4번이다.　　　　　　➡ _____

(4) 당신의 컨디션은 어떠세요?　　➡ _____

🎧 16-4

6. 대화를 듣고 질문에 답하세요.

(1) 미하일은 어떤 날짜로 표를 예약했나요?
　　① 12월 29일　　　② 3월 8일　　　③ 2월 14일　　　④ 8월 19일

(2) 엄마의 자리는 몇 번째 줄에 있나요?
　　① 1열　　　　　　② 2열　　　　　③ 3열　　　　　④ 4열

단어 заказать билет 표를 예약하다

추가 어휘

신체

🎧 16–5

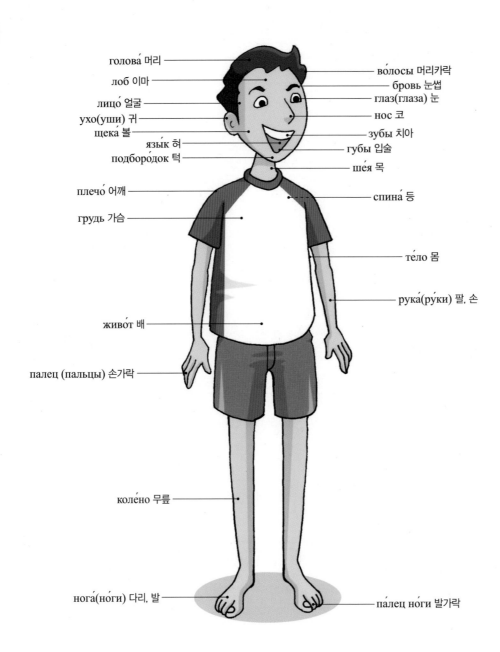

- голова́ 머리
- волосы 머리카락
- лоб 이마
- бровь 눈썹
- лицо́ 얼굴
- глаз(глаза) 눈
- ухо(уши) 귀
- нос 코
- щека́ 볼
- зубы 치아
- язы́к 혀
- губы 입술
- подборо́док 턱
- ше́я 목
- плечо́ 어깨
- спина́ 등
- грудь 가슴
- те́ло 몸
- рука́(ру́ки) 팔, 손
- живо́т 배
- палец (пальцы) 손가락
- коле́но 무릎
- нога́(но́ги) 다리, 발
- па́лец но́ги 발가락

연습문제 정답

1.

> Дорога́я ма́ма! Это Марсель. Как дела? У меня́ всё хорошо́. Рабо́та интере́сная и колле́ги прия́тные. У меня́ новая кварти́ра. Это уже́ втора́я кварти́ра. Пе́рвая тоже была́ хоро́шая, но сли́шком ста́рая, и на улице было о́чень шу́мно. Втора́я ую́тная и чи́стая! Мне она́ нра́вится. Ма́ма, ско́ро но́вый год, а я не могу́ пое́хать домо́й. Это пе́рвый но́вый год в Росси́и. Я хочу́ побы́ть в Москве́. Поэ́тому я хочу́ пригласи́ть тебя́, отца́ и Ви́ку в Москву́. Что ска́жешь? Жду отве́та.
>
> 사랑하는 엄마! 마르셀이에요. 어떻게 지내세요? 저는 잘 지내요. 일도 재미있고 동료들도 좋아요. 저 새 아파트가 생겼어요. 벌써 두 번째 집이네요. 첫 번째 집도 좋았지만 너무 낡았고 거리가 매우 시끄러웠거든요. 두 번째 아파트는 아늑하고 깨끗해요. 마음에 들어요. 엄마, 곧 새해인데 저는 집에 갈 수 없어요. 러시아에서 맞이하는 첫 번째 새해라 모스크바에 있고 싶어요. 그래서 제가 엄마랑 아빠 그리고 비까를 초대하고 싶어요. 어떻게 생각하세요? 대답을 기다릴게요.

2.

(1) 누가 이 편지를 쓰나요?

① 안톤 　　　② 민수
③ 안나 　　　④ 마르셀

(2) 요즘 그는 어떻게 지내나요?

① 안 좋다 　　② 무료하다
③ 좋다 　　　④ 나쁘다

3.

(1) 그는 새해에 러시아에 있을 것이다. (да)

(2) 그는 자신의 친구를 초대했다. (нет)

(3) 그는 엄마에게 편지를 썼다. (да)

4.

(1) 그는 배가 아프다. (болит)

(2) 안톤은 머리가 아프다. (голова)

(3) 안나는 감기로 아프다. (гриппом)

5.

(1) С новым годом!

(2) Она – моя первая любовь.

(3) Моё место – четвёртое.

(4) Как Вы себя чувствуете?

6. [MP3 16–4]

W: Миша, ты заказал билеты на концерт?

M: Да, мам, я заказал ваши билеты на восьмое марта.

W: Как здорово! Спасибо сынок, а какие места?

M: Твоё место 23 в первом ряду, а место отца рядом с твоим.

W: 미샤(미하일), 음악회 표 예약했니?

M: 네, 엄마, 3월 8일로 예약했어요.

W: 너무 좋다! 고마워 아들, 자리는 어디야?

M: 엄마 자리는 첫 번째 줄 23번이고, 아빠 자리는 엄마 자리 옆이에요.

(1) ② 　　(2) ①

The 바른 러시아어 첫걸음

알파벳부터 시작하는
왕초보 독학 첫걸음

쓰기연습

저자 | 조혜연

글로벌 인재를 위한, 제2외국어 교육의 선두주자

쓰기연습

- 알파벳 쓰기
- 문장 쓰기

Aa	$Бб$	$Вв$	$Гг$
$Дg$	$Ее$	$Ёё$	$Жж$
$Зз$	$Ии$	$Йй$	$Кк$
$Лл$	$Мм$	$Нн$	$Оо$
$Пп$	$Рр$	$Сс$	$Тт$
$Уу$	$Фф$	$Хх$	$Цц$
$Чч$	$Шш$	$Щщ$	$ъ$ $ы$ $ь$
$Ээ$	$Юю$	$Яя$	

А *А* *А* *А*

А

а *а* *а* *а*

а

Б *Б* *Б* *Б*

Б

б *б* *б* *б*

б

В В В В

В

б б б б

б

Т Т Т Т

Т

г г г г

г

$\mathcal{D}$ $\mathcal{D}$ $\mathcal{D}$ $\mathcal{D}$

$\mathcal{D}$

g g g g

g

$\mathcal{E}$ $\mathcal{E}$ $\mathcal{E}$ $\mathcal{E}$

$\mathcal{E}$

e e e e

e

Ё Ё Ё Ё

Ё

ё ё ё ё

ё

Ж Ж Ж Ж

Ж

ж ж ж ж

ж

3   3   3   3

3

3   3   3   3

3

U   U   U   U

U

u   u   u   u

u

Й Й Й Й

Й

й й й й

й

К К К К

К

К К К К

К

Ж Ж Ж Ж

Ж

Ж Ж Ж Ж

Ж

О О О О

О

О О О О

О

Π Π Π Π

Π

n n n n

n

P P P P

P

p p p p

p

C *C* *C* *C*

C

c *c* *c* *c*

c

Ⅲ *Ⅲ* *Ⅲ* *Ⅲ*

Ⅲ

m *m* *m* *m*

m

y y y y

y

y y y y

y

φ φ φ φ

φ

φ φ φ φ

φ

𝒳 𝒳 𝒳 𝒳

𝒳

𝓍 𝓍 𝓍 𝓍

𝓍

𝒰 𝒰 𝒰 𝒰

𝒰

𝓊 𝓊 𝓊 𝓊

𝓊

$\mathcal{U}$ $\mathcal{U}$ $\mathcal{U}$ $\mathcal{U}$

$\mathcal{U}$

$\mathcal{V}$ $\mathcal{V}$ $\mathcal{V}$ $\mathcal{V}$

$\mathcal{V}$

$\mathcal{U}$ $\mathcal{U}$ $\mathcal{U}$ $\mathcal{U}$

$\mathcal{U}$

$\mathcal{U}$ $\mathcal{U}$ $\mathcal{U}$ $\mathcal{U}$

$\mathcal{U}$

Щ   Щ   Щ   Щ

Щ

Щ   Щ   Щ   Щ

Щ

ъ   ъ   ъ   ъ

ы   ы   ы   ы

ы

ь   ь   ь   ь

Э Э Э Э

Э

Э Э Э Э

Э

Ю Ю Ю Ю

Ю

Ю Ю Ю Ю

Ю

Я Я Я Я

Я

Я Я Я Я

Я

안녕!

Привет!

Привет!

안녕하세요.

Здравствуйте!

Здравствуйте!

환영합니다.

Добро пожаловать.

Добро пожаловать.

만나서 반가워요.

Очень приятно.

Очень приятно.

성함이 어떻게 되세요?

Как вас зовут?

Как вас зовут?

내 이름은 안톤이에요.

Меня зовут Антон.

Меня зовут Антон.

잘 가!

Пока!

Пока!

안녕히 가세요.

До свидания!

До свидания!

고맙습니다.

Спасибо.

Спасибо.

별말씀을요. (천만에요.)

Пожалуйста.

Пожалуйста.

미안합니다.

Извините.

Извините.

괜찮아요.

Ничего.

Ничего.

어떻게 지내니?

Как дела?

Как дела?

좋아.

Хорошо.

Хорошо.

그냥 그래.

Так себе.

Так себе.

어디서 오셨어요?

Откуда вы?

Откуда вы?

나는 한국에서 왔습니다.

Я из Кореи.

Я из Кореи.

나는 한국인(여자)입니다.

Я кореец (кореянка).

Я кореец (кореянка).

어디에 사세요?

Где вы живёте?

Где вы живёте?

나는 러시아에서 삽니다.

Я живу в России.

Я живу в России.

나이가 어떻게 되나요?

Сколько вам лет?

Сколько вам лет?

저는 25살입니다.

Мне 25 лет.

Мне 25 лет.

지금 몇 시인가요?

Сколько времени сейчас?

Сколько времени сейчас?

잘 자.

Спокойной ночи.

Спокойной ночи.

사랑해.

Люблю тебя.

Люблю тебя.

생일 축하해.

С днем рождения.

С днем рождения.

건강을 빌어요.

Желаю здоровья.

Желаю здоровья.

행복을 빌어요.

Желаю счастья.

Желаю счастья.

잘되길 바라요.

Удачи.

Удачи.

괜찮을까요?

Можно?

Можно?

들어가도 되나요?

Можно войти?

Можно войти?

물어봐도 되나요?

Можно спросить?

Можно спросить?

당연하지요.

Конечно.

Конечно.

안 돼요.

Нельзя.

Нельзя.

화장실이 어디인가요?

Где туалет?

Где туалет?

잠시만요.

Минуту.

Минуту.

잠시만 기다리세요.

Подождите, пожалуйста.

Подождите, пожалуйста.

아주 맛있습니다.

Очень вкусно!

Очень вкусно!

이분은 누구인가요?

Кто это?

Кто это?

이것은 무엇인가요?

Что это ?

Что это ?

몸이 안 좋습니다.

Я плохо себя чувствую.

Я плохо себя чувствую.

병원에 가고 싶어요.

Я хочу идти к врачу.

Я хочу идти к врачу.

걱정하지 마세요.

Не беспокойтесь!

Не беспокойтесь!

정말 마음에 들어요.

Мне очень нравится.

Мне очень нравится.

메뉴판을 주세요.

Меню, пожалуйста.

Меню, пожалуйста.

계산서를 주세요.

Счет, пожалуйста.

Счет, пожалуйста.

이건 얼마인가요?

Сколько это стоит?

Сколько это стоит?

너무 비싸요.

Слишком дорого.

Слишком дорого.

잘 지내세요.

Всего доброго!

Всего доброго!

다시 만나요.

Увидимся!

Увидимся!

The 바른 러시아어 첫걸음

똑똑하게 시작하는
러시아어 입문 학습서

알파벳부터 기초 문법까지,
한 권으로 똑똑하게 초보딱지 떼자!

▪ 이 책의 구성

- **예비학습** 알파벳과 발음, 발음규칙, 억양 등 러시아어 학습에 필요한 필수 기본 내용들을 학습합니다.
- **회화** 다양한 주제별 대화문을 통해 기초 생활 표현 및 어휘를 학습합니다.
- **문법** 기초 필수 문법을 다양한 예문과 함께 학습합니다.
- **연습문제** 문법, 독해, 쓰기, 듣기 등 다양한 형식의 문제풀이로 학습을 마무리합니다.
- **추가어휘** 초급 수준에 맞는 다양한 기초 어휘를 학습합니다.

▪ MP3 무료 다운로드

- 본 교재의 MP3 파일은 www.eckbook.com에서 무료로 다운로드 받을 수 있습니다.